道德经

Dao De Jing

Laozi

Translated by Donia Davia Zhang

Chinese Culture Publishing

While every precaution has been taken in the preparation of this book, the publisher assumes no responsibility for errors or omissions, or for damages resulting from the use of the information contained herein.

DAO DE JING (LAOZI)

First edition. August 6, 2025.

English Translation Copyright © 2025 Donia Davia Zhang.

ISBN: 978-1-7774646-8-4

Translated by Donia Davia Zhang.

Contents

Chapter 1:	道可道，非常道	1
	The Dao That Can Be Said Is Not the True Dao	
Chapter 2:	天下皆知美之为美，斯恶已	3
	People Under Heaven Can All Recognize Beauty	
Chapter 3:	不尚贤	5
	If Society Does Not Promote the Capable	
Chapter 4:	道冲	7
	The Dao Is Invisible and Empty	
Chapter 5:	天地不仁	9
	There Is No Benevolence from Heaven or Earth	
Chapter 6:	谷神不死	11
	The Dao That Gives Birth to All Things	
Chapter 7:	天长地久	13
	Heaven and Earth Are Everlasting	
Chapter 8:	上善若水	15
	The Kindest People Are Like Water	
Chapter 9:	持而盈之	17
	It Is Better to Stop than to Hold on to It Fully	
Chapter 10:	载营魄抱一	19
	Mind and Body Are One	
Chapter 11:	三十辐共一毂	21
	Thirty Spokes Are Assembled to Form a Hub	
Chapter 12:	五色令人目盲	23
	Bright Colors Dazzle One's Eyes	

Chapter 13: 宠辱若惊　　　　　　　　　　　　　　　　　25
　　　　　　Being Favored or Humiliated Makes One Fearful

Chapter 14: 视之不见　　　　　　　　　　　　　　　　　27
　　　　　　Looking at It, It Cannot Be Seen

Chapter 15: 古之善为道者，微妙玄通，深不可识　　　　29
　　　　　　The Ancients Who Knew the Dao

Chapter 16: 致虚极，守静笃　　　　　　　　　　　　　31
　　　　　　Do Your Best to Empty Your Mind

Chapter 17: 太上　　　　　　　　　　　　　　　　　　33
　　　　　　The Best Ruler

Chapter 18: 大道废　　　　　　　　　　　　　　　　　35
　　　　　　When the Dao Is Abandoned

Chapter 19: 绝圣弃智　　　　　　　　　　　　　　　　37
　　　　　　Abandoning Cleverness and Smartness

Chapter 20: 唯之与阿，相去几何？　　　　　　　　　　39
　　　　　　How Far Is It Between Groveling and Flattering?

Chapter 21: 孔德之容　　　　　　　　　　　　　　　　42
　　　　　　The Dao Determines the Form of Great Virtue

Chapter 22: 曲则全　　　　　　　　　　　　　　　　　44
　　　　　　The Curved Can Be Preserved

Chapter 23: 希言自然　　　　　　　　　　　　　　　　46
　　　　　　Fewer Government Orders Comply with the Natural Law

Chapter 24: 企者不立　　　　　　　　　　　　　　　　48
　　　　　　To Be Higher by Standing on One's Tiptoes

Chapter 25:	有物混成，先天地生	50
	There Is a Thing That Existed Before Heaven and Earth	
Chapter 26:	重为轻根	52
	Heaviness Is the Root of Lightness	
Chapter 27:	善行，无辙迹	54
	Those Who Are Good at Walking Do Not Leave Footsteps	
Chapter 28:	知其雄	56
	Knowing What Masculine Strength Is	
Chapter 29:	将欲取天下而为之	58
	To Govern the World Using Coercive Methods	
Chapter 30:	以道佐人主者	60
	Those Who Assist the Monarch in Accordance with the Dao	
Chapter 31:	夫兵者，不祥之器	62
	Weapons Are Ominous Things	
Chapter 32:	道常无名	64
	The Dao Is Forever Nameless	
Chapter 33:	知人者智	66
	Knowing Others Is Intelligence	
Chapter 34:	大道泛兮	68
	The Dao Is Running Widely	
Chapter 35:	执大象	70
	Those Who Have Mastered the Dao	
Chapter 36:	将欲歙之	72
	If One Wants to Shrink Something	

Chapter 37:	道常无为而无不为	74
	The Dao Is Always Natural and Inactive	
Chapter 38:	上德不德，是以有德	76
	People with High Virtue Do Not Seem Virtuous	
Chapter 39:	昔之得一者	80
	Those Who Obtained the Dao in the Past	
Chapter 40:	反者道之动	83
	The Movement of the Dao Is Cyclical	
Chapter 41:	上士闻道	85
	When the Supreme Heard the Dao	
Chapter 42:	道生一	87
	The Dao Is One and Unique	
Chapter 43:	天下之至柔	89
	The Gentlest Thing	
Chapter 44:	名与身孰亲？	91
	Which Is Dearer, Fame or Life?	
Chapter 45:	大成若缺	93
	The Most Complete Seems to Be Deficient	
Chapter 46:	天下有道	95
	Governing the World According to the Dao	
Chapter 47:	不出户，知天下	97
	Without Stepping out of the Door, One Can Understand the World	
Chapter 48:	为学日益	99
	Those Who Pursue Politics and Rituals	

Chapter 49:	圣人常无心	101
	The Sages Are Often Unselfish	
Chapter 50:	出生入死	103
	Humans Are Born into the World and Die on the Earth	
Chapter 51:	道生之	105
	The Dao Generates All Things	
Chapter 52:	天下有始	107
	Everything in the World Has a Beginning	
Chapter 53:	使我介然有知	109
	If I Have a Little Knowledge	
Chapter 54:	善建者不拔	111
	Those Who Are Good at Gaining Achievements Are Stable	
Chapter 55:	含德之厚，比于赤子	113
	Those Who Have Strong Morals Are Like Newborn Babies	
Chapter 56:	知者不言	115
	Those Who Know It Do Not Talk	
Chapter 57:	以正治国	117
	Govern the Country According to the Dao	
Chapter 58:	其政闷闷	119
	When Politics is Generous	
Chapter 59:	治人事天	121
	Governing the People and Protecting Their Body and Mind	
Chapter 60:	治大国，若烹小鲜	123
	Governing a Big Country Is Like Frying a Small Fish	

Chapter 61:	大邦者下流	125
	A Big Country Should Be Like the Lower Reaches of a River	
Chapter 62:	道者，万物之奥	127
	The Dao Provides Shade for All	
Chapter 63:	为无为	129
	Do Things Without Action Contrary to Nature	
Chapter 64:	其安易持	131
	It Is Easy to Maintain When the Situation is Stable	
Chapter 65:	古之善为道者，非以明民，将以愚之	134
	The Ancients Who Were Good at the Dao	
Chapter 66:	江海之所以能为百谷王者	136
	The Seas Can Become the Destination of All Streams and Rivers	
Chapter 67:	天下皆谓我道大	138
	People Under Heaven All Say That the Dao Is Vast	
Chapter 68:	善为士者，不武	140
	Those Who Are Good at Being a General Do Not Act Bravely	
Chapter 69:	用兵有言	142
	The Commander Once Said	
Chapter 70:	吾言甚易知，甚易行	144
	My Words Are Very Easy to Comprehend and Implement	
Chapter 71:	知不知，尚矣	146
	Those Who Know What They Do Not Know Are Wise	
Chapter 72:	民不畏威	148
	When People Do Not Fear the Ruler's Power	

Chapter 73:	勇于敢则杀	150
	Being Hard and Brave May Lead to Death	
Chapter 74:	民不畏死，奈何以死惧之	152
	People Do Not Fear Death	
Chapter 75:	民之饥，以其上食税之多，是以饥	154
	People Suffered from Starvation	
Chapter 76:	人之生也柔弱	156
	When People Are Alive, Their Bodies Are Soft	
Chapter 77:	天之道，其犹张弓欤	158
	Is Natural Law Like Archery with a Bow?	
Chapter 78:	天下莫柔弱于水	160
	Nothing in the World Is Softer than Water	
Chapter 79:	和大怨	162
	Reconciling Deep Resentment	
Chapter 80:	小国寡民	164
	Make the Country Smaller and the Population Sparse	
Chapter 81:	信言不美	166
	Sincere Words Are Not Flamboyant	

第一章

道可道，非常道；名可名，非常名。

Dào kě dào, fēi cháng dào; míng kě míng, fēi cháng míng.

无名，天地之始；有名，万物之母。

Wú míng, tiān dì zhī shǐ; yǒu míng, wàn wù zhī mǔ.

故常无欲，以观其妙；常有欲，以观其徼。

Gù cháng wú yù, yǐ guān qí miào; cháng yǒu yù, yǐ guān qí jiào.

此两者，同出而异名，同谓之玄。

Cǐ liǎng zhě, tóng chū ér yì míng, tóng wèi zhī xuán.

玄之又玄，众妙之门。

Xuán zhī yòu xuán, zhòng miào zhī mén.

Chapter 1

The dao that can be said is not the true Dao.

The name that can be called is not the real Name.

Nameless was the beginning of heaven and earth.

Naming is the mother of all things.

Therefore, observe the magic when there is inaction.

And observe the cultivation when there is action.

The two come from the same origin,

Though with different names, both are esoteric.

Mysterious and mystical, the door to all wonders.

第二章

天下皆知美之为美，斯恶已；

Tiān xià jiē zhī měi zhī wéi měi, sī è yǐ;

皆知善之为善，斯不善已。

Jiē zhī shàn zhī wéi shàn, sī bú shàn yǐ.

有无相生，难易相成，

Yǒu wū xiāng shēng, nán yì xiāng chéng,

长短相形，高下相盈，

Cháng duǎn xiāng xíng, gāo xià xiāng yíng,

音声相和，前后相随，恒也。

Yīn shēng xiāng hé, qián hòu xiāng suí, héng yě.

是以圣人处无为之事，

Shì yǐ shèng rén chǔ wú wéi zhī shì,

行不言之教，

Xíng bù yán zhī jiào,

万物作而弗始，

Wàn wù zuò ér fú shǐ,

生而弗有，为而不恃，

Shēng ér fú yǒu, wéi ér bú shì,

功成而弗居。

Gōng chéng ér fú jū.

夫唯弗居，是以不去。

Fū wéi fú jū, shì yǐ bú qù.

Chapter 2

People under heaven can all recognize beauty
Because of ugliness.
They can also recognize kindness
Because of unkindness.
Being and non-being are made by opposing each other.
Difficulty and ease are felt by opposing each other.
Long and short are represented by opposing each other.
High and low exist by opposing each other.
Sound and speech are cordial by opposing each other.
Front and back appear by opposing each other.
Things always come in opposition to each other.
Therefore, the sages treat the world with inaction,
And teach without speaking a word,
Let everything arise naturally without forcing them,
Generate something without taking it for themselves,
Nurture all things without relying on their own ability,
Succeed without self-conceitedness.
Because they do not brag on themselves,
Their achievements will not be extinguished.

第三章

不尚贤，使民不争。

Bú shàng xián, shǐ mín bù zhēng.

不贵难得之货，使民不为盗。

Bú guì nán dé zhī huò, shǐ mín bù wéi dào.

不见可欲，使民心不乱。

Bú jiàn kě yù, shǐ mín xīn bú luàn.

是以圣人之治，

Shì yǐ shèng rén zhī zhì,

虚其心，实其腹，

Xū qí xīn, shí qí fù,

弱其志，强其骨。

Ruò qí zhì, qiáng qí gǔ.

常使民无知无欲；

Cháng shǐ mín wú zhī wú yù;

使夫智者不敢为也。

Shǐ fū zhì zhě bù gǎn wéi yě.

为无为，则无不治。

Wéi wú wéi, zé wú bú zhì.

Chapter 3

If society does not promote the capable,

People will not compete for fame or profit.

If society does not value precious things,

People will not become robbers.

By not exposing the things that arouse greed,

People's minds will not be disturbed.

Thus, the sages' governing methods:

Emptying people's minds,

Filling people's stomachs,

Weakening people's ambitions,

Strengthening people's bones.

Let people abandon their desires.

Make their wisdom free from fraud.

Do things in accordance with nature,

Then the world will be well governed.

第四章

道冲，而用之或不盈。

Dào chōng, ér yòng zhī huò bù yíng.

渊兮，似万物之宗；

Yuān xī, sì wàn wù zhī zōng;

挫其锐，解其纷；

Cuò qí ruì, jiě qí fēn;

和其光，同其尘；

Hé qí guāng, tóng qí chén;

湛兮，似或存。

Zhàn xī, sì huò cún.

吾不知谁之子，象帝之先。

Wú bù zhī shuí zhī zǐ, xiàng dì zhī xiān.

Chapter 4

The Dao is invisible and empty,

But its effects are infinite.

Deep and far-reaching,

It is like the ancestor of everything.

Kill its sharpness, eliminate its turmoil.

Reconcile its brilliance and confuse it with dust.

It is so profound, yet there seems to exist.

I do not know whose offspring; it looks older than God.

第五章

天地不仁，以万物为刍狗。

Tiān dì bù rén, yǐ wàn wù wéi chú gǒu.

圣人不仁，以百姓为刍狗。

Shèng rén bù rén, yǐ bǎi xìng wéi chú gǒu.

天地之间，其犹橐龠乎？

Tiān dì zhī jiān, qí yóu tuó yuè hū?

虚而不屈，动而愈出。

Xū ér bù qū, dòng ér yù chū.

多言数穷，不如守中。

Duō yán shù qióng, bù rú shǒu zhōng.

Chapter 5

There is no benevolence from heaven or earth,

They let everything fend for itself.

The sages do not do charity work,

They let people take care of themselves.

Is it not like a pair of bellows between heaven and earth?

It is empty but not exhausting.

Too many political orders are unworkable,

It is better to keep quiet and stay in the middle.

第六章

谷神不死,是谓玄牝。

Gǔ shén bù sǐ, shì wèi xuán pìn.

玄牝之门,是谓天根。

Xuán pìn zhī mén, shì wèi tiān gēn.

绵绵若存,用之不勤。

Mián mián ruò cún, yòng zhī bù qín.

Chapter 6

The Dao that gives birth to all things,
It is empty and eternal like the God of Valley.
It is called mysterious maternity.
The birth gate of the mystic mother's fertility,
It is called the root of heaven and earth.
It seems to exist continuously,
And its effects are endless.

第七章

天长地久。

Tiān cháng dì jiǔ.

天地所以能长久者，

Tiān dì suǒ yǐ néng cháng jiǔ zhě,

以其不自生，故能长生。

Yǐ qí bú zì shēng, gù néng cháng shēng.

是以圣人后其身而身先；

Shì yǐ shèng rén hòu qí shēn ér shēn xiān;

外其身而身存。

Wài qí shēn ér shēn cún.

非以其无私邪？故能成其私。

Fēi yǐ qí wú sī yé? Gù néng chéng qí sī.

Chapter 7

Heaven and earth are everlasting.

Heaven and earth can exist for a long time,

Because they do not run for themselves.

So, the sages retreat in case of trouble,

And they can lead the crowd.

They can control themselves

Thus, they can save their own survival.

Isn't it because they are selfless?

So, they can accomplish themselves.

第八章

上善若水。

Shàng shàn ruò shuǐ.

水善利万物而不争，

Shuǐ shàn lì wàn wù ér bù zhēng,

处众人之所恶，故几于道。

Chǔ zhòng rén zhī suǒ wù, gù jī yú dào.

居善地，心善渊，

Jū shàn dì, xīn shàn yuān,

与善仁，言善信，

Yǔ shàn rén, yán shàn xìn,

政善治，事善能，动善时。

Zhèng shàn zhì, shì shàn néng, dòng shàn shí.

夫唯不争，故无尤。

Fū wéi bù zhēng, gù wú yóu.

Chapter 8

The kindest people are like water.

Water is good at nourishing everything,

And not competing with anything.

It stays where no one likes to go,

So, it is closest to the Dao.

The kindest people,

Are good at choosing a place to live,

Treating others with sincerity,

Making friends with good people,

Keeping promises, governing a country ably,

Handling things well,

And seizing opportunities for action.

Because they do not compete,

They make no mistakes.

第九章

持而盈之,不如其已;
Chí ér yíng zhī, bù rú qí yǐ;

揣而锐之,不可长保。
Zhuī ér ruì zhī, bù kě cháng bǎo.

金玉满堂,莫之能守。
Jīn yù mǎn táng, mò zhī néng shǒu.

富贵而骄,自遗其咎。
Fù guì ér jiāo, zì yí qí jiù.

功成身退,天之道也。
Gōng chéng shēn tuì, tiān zhī dào yě.

Chapter 9

It is better to stop than to hold on to it fully.

Sharp and shining things are hard to maintain for long.

The hall is full of gold and jade,

It is unable to keep it a secret.

Wealth and arrogance are self-defeating misfortunes.

Retreating after success is the Dao of heaven.

第十章

载营魄抱一，能无离乎？

Zài yíng pò bào yī, néng wú lí hū?

专气致柔，能如婴儿乎？

Zhuān qì zhì róu, néng rú yīng ér hū?

涤除玄鉴，能无疵乎？

Dí chú xuán jiàn, néng wú cī hū?

爱民治国，能无为乎？

Ài mín zhì guó, néng wú wéi hū?

天门开阖，能为雌乎？

Tiān mén kāi hé, néng wéi cí hū?

明白四达，能无知乎？

Míng bái sì dá, néng wú zhī hū?

生之畜之，生而不有，

Shēng zhī chù zhī, shēng ér bù yǒu,

为而不恃，长而不宰，

Wéi ér bú shì, zhǎng ér bù zǎi,

是谓玄德。

Shì wèi xuán dé.

Chapter 10

Mind and body are one,

Can they not be separated?

Making one's spirit soft and gentle,

Can it be without desire like a baby?

Clearing one's thought deeply,

Can it be without blemishes?

Loving people and governing a country,

Can one follow the natural law?

Senses are in contact with the outside world,

Can they be tranquil?

Even if one understands the truth,

Can they still maintain a pure and simple heart?

Letting all things grow without possessing them,

Leading all things without dominating them,

This is called mysterious virtue.

第十一章

三十辐共一毂，当其无，有车之用。

Sān shí fú gòng yì gǔ, dāng qí wú, yǒu chē zhī yòng.

埏埴以为器，当其无，有器之用。

Shān zhí yǐ wéi qì, dāng qí wú, yǒu qì zhī yòng.

凿户牖以为室，当其无，有室之用。

Záo hù yǒu yǐ wéi shì, dāng qí wú, yǒu shì zhī yòng.

故有之以为利，无之以为用。

Gù yǒu zhī yǐ wéi lì, wú zhī yǐ wéi yòng.

Chapter 11

Thirty spokes are assembled to form a hub,

But only with holes in the hub,

Can it function as a carriage.

Kneading clay to make a vessel,

But only when the utensil is hollow,

Can it function as a vessel.

Cutting holes as doors and windows to build a house,

But only with the openings in the walls

Can it function as a house.

Therefore, the solid is beneficial,

But the void plays its role.

第十二章

五色令人目盲；

Wǔ sè lìng rén mù máng;

五音令人耳聋；

Wǔ yīn lìng rén ěr lóng;

五味令人口爽；

Wǔ wèi lìng rén kǒu shuǎng;

驰骋畋猎，令人心发狂；

Chí chěng tián liè, lìng rén xīn fā kuáng;

难得之货，令人行妨；

Nán dé zhī huò, lìng rén xíng fáng;

是以圣人为腹不为目，故去彼取此。

Shì yǐ shèng rén wéi fù bù wéi mù, gù qù bǐ qǔ cǐ.

Chapter 12

Bright colors dazzle one's eyes.

Noisy tones deafen one's ears.

Many flavors numb one's taste.

Hunting wildens one's heart.

Rare goods mislead one's behavior.

So, the sages abandon material desires

And they maintain an inner life.

第十三章

宠辱若惊，贵大患若身。

Chǒng rǔ ruò jīng, guì dà huàn ruò shēn.

何谓宠辱若惊？

Hé wèi chǒng rǔ ruò jīng?

宠为下，得之若惊，

Chǒng wéi xià, dé zhī ruò jīng,

失之若惊，是谓宠辱若惊。

Shī zhī ruò jīng, shì wèi chǒng rǔ ruò jīng.

何谓贵大患若身？

Hé wèi guì dà huàn ruò shēn?

吾所以有大患者，为吾有身；

Wú suǒ yǐ yǒu dà huàn zhě, wéi wú yǒu shēn;

及吾无身，吾有何患？

Jí wú wú shēn, wú yǒu hé huàn?

故贵以身为天下，若可寄天下；

Gù guì yǐ shēn wéi tiān xià, ruò kě jì tiān xià;

爱以身为天下，若可托天下。

Ài yǐ shēn wéi tiān xià, ruò kě tuō tiān xià.

Chapter 13

Being favored or humiliated makes one fearful,

Because one regards such big trouble as their own life.

What does it mean by being favored or humiliated?

The vanity of being favored is inherently humble.

When one gains favor, one feels surprised but fearful.

When one loses favor, one feels shocked and fearful.

This is called feeling fearful

when one is favored or humiliated.

What does it mean to regard

such big trouble as their own life?

The reason why one has big trouble

It is because one has a bodily life.

If one does not have a bodily life,

what trouble does one have?

Therefore, one can only entrust the world to those,

who cherishes the lives of others as their own lives.

And one can only entrust the world to those,

who treasure the lives of others as their own lives.

第十四章

视之不见,名曰夷;

Shì zhī bú jiàn, míng yuē yí;

听之不闻,名曰希;

Tīng zhī bù wén, míng yuē xī;

搏之不得,名曰微。

Bó zhī bù dé, míng yuē wēi.

此三者不可致诘,故混为一。

Cǐ sān zhě bù kě zhì jié, gù hùn wéi yī.

其上不皦,其下不昧,

Qí shàng bù jiǎo, qí xià bú mèi,

绳绳兮不可名,复归于无物。

Shéng shéng xī bù kě míng, fù guī yú wú wù.

是谓无状之状,无物之象,是谓恍惚。

Shì wèi wú zhuàng zhī zhuàng, wú wù zhī xiàng, shì wèi huǎng hū.

迎之不见其首;随之不见其后。

Yíng zhī bú jiàn qí shǒu; suí zhī bú jiàn qí hòu.

执古之道,以御今之有。

Zhí gǔ zhī dào, yǐ yù jīn zhī yǒu.

能知古始,是谓道纪。

Néng zhī gǔ shǐ, shì wèi dào jì.

Chapter 14

Looking at it, it cannot be seen,

This is called "colorless."

Listening to it, it cannot be heard,

This is called "soundless."

Touching it, it cannot be felt,

This is called "formless."

These three things cannot be investigated,

Because they are really one.

It appears neither bright above, nor dark below,

Vague and indescribable, it returns to the invisible state.

This is form without shape, image without object,

It is in a daze.

Facing it, one cannot see its front.

Following it, one cannot see its back.

It is in accordance with the ancient Dao,

To manage specific things of the present.

Knowing the beginning of the universe,

It is called knowing the law of the Dao.

第十五章

古之善为道者，微妙玄通，深不可识。

Gǔ zhī shàn wéi dào zhě, wēi miào xuán tōng, shēn bù kě shí.

夫唯不可识，故强为之容；

Fū wéi bù kě shí, gù qiáng wéi zhī róng;

豫兮若冬涉川；犹兮若畏四邻；

Yù xī ruò dōng shè chuān; yóu xī ruò wèi sì lín;

俨兮其若容；涣兮其若凌释；

Yǎn xī qí ruò róng; huàn xī qí ruò líng shì;

敦兮其若朴；旷兮其若谷；

Dūn xī qí ruò pǔ; kuàng xī qí ruò gǔ;

混兮其若浊；

Hùn xī qí ruò zhuó;

孰能浊以静之徐清？

Shú néng zhuó yǐ jìng zhī xú qīng?

孰能安以动之徐生？

Shú néng ān yǐ dòng zhī xú shēng?

保此道者不欲盈。

Bǎo cǐ dào zhě bú yù yíng.

夫唯不盈，故能蔽而新成。

Fū wéi bù yíng, gù néng bì ér xīn chéng.

Chapter 15

The ancients who knew the Dao,

They were mysterious, knowledgeable, profound,

And not easily understood by ordinary people.

Because ordinary people did not understand them,

One can only describe them as such:

Careful, like crossing a river in winter.

Watchful, like fearing the siege of neighbors.

Respectful and serious, like a guest.

Carefree and relaxed, like icicles melting.

Simple and kind, like raw material.

Broad and open, like a deep valley.

Thick and tolerant, like muddy water.

Who can calm the turbidity,

And clear the water slowly?

Who can make quiet changes,

And reveal the vitality steadily?

Those who maintain the Dao will not be complacent.

Because they are not complacent, they can be renewed.

第十六章

致虚极，守静笃，

Zhì xū jí, shǒu jìng dǔ,

万物并作，吾以观复。

Wàn wù bìng zuò, wú yǐ guān fù.

夫物芸芸，各复归其根。

Fū wù yún yún, gè fù guī qí gēn.

归根曰静，静曰复命。

Guī gēn yuē jìng, jìng yuē fù mìng.

复命曰常，知常曰明。

Fù mìng yuē cháng, zhī cháng yuē míng.

不知常，妄作凶。

Bù zhī cháng, wàng zuò xiōng.

知常容，容乃公，

Zhī cháng róng, róng nǎi gōng,

公乃全，全乃天，

Gōng nǎi quán, quán nǎi tiān,

天乃道，道乃久，

Tiān nǎi dào, dào nǎi jiǔ,

没身不殆。

Méi shēn bú dài.

Chapter 16

Do your best to empty your mind,

And make your life quiet and tranquil.

Everything is growing,

One can see the principle of cycle.

Although everything grows vigorously,

Each eventually returns to its roots.

Returning to the roots is called emptiness,

From which a new life is bred again.

Returning to life is nature,

Knowing the natural law is called understanding.

Reckless action without knowing the natural law,

It may lead to trouble and disaster.

Those who know the natural law

Can tolerate everything,

Which makes them impartial.

Impartiality is comprehensive,

Which is in accordance with nature.

Only by conforming to nature

Can one conform to the Dao,

Which can last long.

In so doing, one will not be in danger for life.

第十七章

太上，不知有之；

Tài shàng, bù zhī yǒu zhī;

其次，亲而誉之；

Qí cì, qīn ér yù zhī;

其次，畏之；

Qí cì, wèi zhī;

其次，侮之。

Qí cì, wǔ zhī.

信不足焉，有不信焉。

Xìn bù zú yān, yǒu bú xìn yān.

悠兮，其贵言。

Yōu xī, qí guì yán.

功成事遂，百姓皆谓"我自然"。

Gōng chéng shì suì, bǎi xìng jiē wèi "wǒ zì rán."

Chapter 17

The best rulers are those that people do not know about.

The second-best, people approach them and praise them.

The third-grade rulers, people fear them.

The fourth-grade rulers, people disdain them.

If the rulers' integrity is inadequate,

People hardly believe in them.

The best rulers are therefore relaxed,

And they rarely give orders.

When things are done successfully,

People would say: "This is how we've done it."

第十八章

大道废，有仁义；

Dà dào fèi, yǒu rén yì;

智慧出，有大伪；

Zhì huì chū, yǒu dà wěi;

六亲不和，有孝慈；

Liù qīn bù hé, yǒu xiào cí;

国家昏乱，有忠臣。

Guó jiā hūn luàn, yǒu zhōng chén.

Chapter 18

When the Dao is abandoned,

Benevolence and righteousness are promoted.

When cleverness and smartness appear,

Hypocrisy prevails.

When there is disharmony in the family,

Filial piety reveals.

When the country is in chaos,

Loyal ministers can be seen.

第十九章

绝圣弃智，民利百倍；

Jué shèng qì zhì, mín lì bǎi bèi;

绝仁弃义，民复孝慈；

Jué rén qì yì, mín fù xiào cí;

绝巧弃利，盗贼无有。

Jué qiǎo qì lì, dào zéi wú yǒu.

此三者以为文不足，故令有所属；

Cǐ sān zhě yǐ wéi wén bù zú, gù lìng yǒu suǒ shǔ;

见素抱朴，少私寡欲。

Jiàn sù bào pǔ, shǎo sī guǎ yù.

绝学无忧。

Jué xué wú yōu.

Chapter 19

Abandoning cleverness and smartness,

People can get a hundredfold benefit.

Abandoning benevolence and righteousness,

People can restore their filial nature.

Abandoning deceit and profit,

There will be no thieves.

These three rules are not enough to cure social ills,

People's thinking and understanding,

They must adhere to something.

They should maintain their simple nature,

And reduce selfish desires or distracting thoughts.

Only by abandoning superficial and superfluous rituals,

They can be free from trouble.

第二十章

唯之与阿,相去几何?

Wéi zhī yǔ ē, xiāng qù jǐ hé?

善之与恶,相去若何?

Shàn zhī yǔ è, xiāng qù ruò hé?

人之所畏,不可不畏。

Rén zhī suǒ wèi, bù kě bú wèi.

荒兮,其未央哉!

Huāng xī, qí wèi yāng zāi!

众人熙熙,如享太牢,如登春台。

Zhòng rén xī xī, rú xiǎng tài láo, rú dēng chūn tái.

我独泊兮,其未兆;

Wǒ dú bó xī, qí wèi zhào;

沌沌兮,如婴儿之未孩;

Dùn dùn xī, rú yīng ér zhī wèi hái;

傫傫兮,若无所归。

Lěi lěi xī, ruò wú suǒ guī.

众人皆有余,而我独若遗。

Zhòng rén jiē yǒu yú, ér wǒ dú ruò yí.

我愚人之心也哉!

Wǒ yú rén zhī xīn yě zāi!

俗人昭昭,我独昏昏。

Sú rén zhāo zhāo, wǒ dú hūn hūn.

俗人察察,我独闷闷。

Sú rén chá chá, wǒ dú mèn mèn.

澹兮，其若海，飂兮，若无止。

Dàn xī, qí ruò hǎi, liáo xī, ruò wú zhǐ.

众人皆有以，而我独顽且鄙。

Zhòng rén jiē yǒu yǐ, ér wǒ dú wán qiě bǐ.

我独异于人，而贵食母。

Wǒ dú yì yú rén, ér guì shí mǔ.

Chapter 20

How far is it between groveling and flattering?

How different is the beautiful and the ugly?

What people fear cannot be free of fear.

It has been like this since antiquity, as if without end!

Everyone is elated, as if attending a grand banquet,

Or as if watching beautiful spring scenery on a platform.

But I am alone, tranquil, and indifferent.

Innocent as a baby,

Who still does not know how to laugh.

Tired and idle,

As if a prodigal son who has not returned home.

Everyone has surplus, but I lack everything.

I only have a fool's heart!

Everyone is glorious,

But I am alone and confused.

Everyone is severe and harsh,

But I am honest and generous.

Being in a daze, like the turbulent sea.

Being in a daze, like wandering with nowhere to stay.

Everyone is smart and skillful,

But I am alone, ignorant, and clumsy.

The only difference between me and others,

It is that I have obtained the Dao.

第二十一章

孔德之容,惟道是从。

Kǒng dé zhī róng, wéi dào shì cóng.

道之为物,惟恍惟惚。

Dào zhī wéi wù, wéi huǎng wéi hū.

惚兮恍兮,其中有象;

Hū xī huǎng xī, qí zhōng yǒu xiàng;

恍兮惚兮,其中有物;

Huǎng xī hū xī, qí zhōng yǒu wù;

窈兮冥兮,其中有精,

Yǎo xī míng xī, qí zhōng yǒu jīng,

其精甚真,其中有信,

Qí jīng shèn zhēn, qí zhōng yǒu xìn,

自今及古,其名不去,以阅众甫。

Zì jīn jí gǔ, qí míng bú qù, yǐ yuè zhòng fǔ.

吾何以知众甫之状哉?以此。

Wú hé yǐ zhī zhòng fǔ zhī zhuàng zāi? Yǐ cǐ.

Chapter 21

The Dao determines the form of great virtue.

The Dao does not have a clear or fixed entity.

It is in a trance, but there are images in it.

It is in a trance, but there are real objects in it.

It is so deep and dark, but there is an essence in it.

The essence is very real that there is trust in it.

From antiquity to the present,

Its name has never been abolished,

Because the beginning of everything is observed from it.

How do I know the beginning of everything?

It is recognized from the Dao.

第二十二章

曲则全，枉则直，

Qū zé quán, wǎng zé zhí,

洼则盈，敝则新，

Wā zé yíng, bì zé xīn,

少则得，多则惑。

Shǎo zé dé, duō zé huò.

是以圣人抱一为天下式；

Shì yǐ shèng rén bào yī wéi tiān xià shì;

不自见，故明；

Bú zì jiàn, gù míng;

不自是，故彰；

Bú zì shì, gù zhāng;

不自伐，故有功；

Bú zì fá, gù yǒu gōng;

不自矜，故长。

Bú zì jīn, gù cháng.

夫唯不争，故天下莫能与之争。

Fū wéi bù zhēng, gù tiān xià mò néng yǔ zhī zhēng.

古之所谓"曲则全"者，岂虚言哉？

Gǔ zhī suǒ wèi "qū zé quán" zhě, qǐ xū yán zāi?

诚全而归之。

Chéng quán ér guī zhī.

Chapter 22

The curved can be preserved,

And the bent can be straightened out.

The low-lying places can be filled up,

And the old can be renewed.

Taking less one can get more

And being greedy one can get confused.

So, the sages who adhere to this Daoist principle

They are paragons in the world.

By not praising themselves,

They can become distinct.

By not being opinionated,

They can tell between right and wrong.

By not boasting about themselves,

They can get credit for their doings.

By not being arrogant,

They can show their strengths.

Just because they do not compete with others,

No one can compete with them.

The ancients said: "The curved will be preserved."

How can it be empty talk?

It can really be achieved.

第二十三章

希言自然。

Xī yán zì rán.

故飘风不终朝，

Gù piāo fēng bù zhōng cháo,

骤雨不终日。

Zhòu yǔ bù zhōng rì.

孰为此者？天地。

Shú wèi cǐ zhě? Tiān dì.

天地尚不能久，而况于人乎？

Tiān dì shàng bù néng jiǔ, ér kuàng yú rén hū?

故从事于道者同于道，

Gù cóng shì yú dào zhě tóng yú dào,

德者同于德，失者同于失。

Dé zhě tóng yú dé, shī zhě tóng yú shī.

同于道者，道亦乐得之；

Tóng yú dào zhě, dào yì lè dé zhī;

同于德者，德亦乐得之；

Tóng yú dé zhě, dé yì lè dé zhī;

同于失者，失亦乐得之。

Tóng yú shī zhě, shī yì lè dé zhī.

信不足焉，有不信焉！

Xìn bù zú yān, yǒu bú xìn yān!

Chapter 23

Fewer government orders comply with the natural law.

The fierce wind will not blow all morning,

And the heavy rain will not fall all day.

Who makes them like this? Heaven and Earth.

The fury of heaven and earth cannot last long,

Let alone people?

Therefore, those who engage in the Dao

They are the same as the Dao,

Those who engage in virtue are the same as virtue,

And those who engage in loss are the same as loss.

The people who comply with the Dao,

The Dao are happy with them.

The people who comply with virtue,

Virtues are happy with them.

The people who comply with loss,

Losses are happy with them.

If the ruler's integrity is inadequate,

The people do not trust them.

第二十四章

企者不立，

Qǐ zhě bú lì,

跨者不行。

Kuà zhě bù xíng.

自见者不明；

Zì jiàn zhě bù míng;

自是者不彰；

Zì shì zhě bù zhāng;

自伐者无功；

Zì fá zhě wú gōng;

自矜者不长。

Zì jīn zhě bù zhǎng.

其在道也，

Qí zài dào yě,

曰余食赘行。

Yuē yú shí zhuì xíng.

物或恶之，

Wù huò wù zhī,

故有道者不处。

Gù yǒu dào zhě bù chǔ.

Chapter 24

To be higher by standing on one's tiptoes,

One cannot stand steadily.

To move faster by taking bigger steps,

One cannot travel far.

Self-praise cannot lead to distinction.

Self-righteousness cannot obtain excellence.

Self-boasting cannot build merits.

Self-arrogance cannot lead others.

From the perspective of the Dao,

These showy behaviors are leftover tumors.

Because these are disgusting things,

The people who are wise will never do so.

第二十五章

有物混成，先天地生。

Yǒu wù hǔn chéng, xiān tiān dì shēng.

寂兮寥兮，独立而不改，

Jì xī liáo xī, dú lì ér bù gǎi,

周行而不殆，可以为天地母。

Zhōu xíng ér bú dài, kě yǐ wéi tiān dì mǔ.

吾不知其名，强字之曰道，强为之名曰大。

Wú bù zhī qí míng, qiáng zì zhī yuē dào, qiáng wéi zhī míng yuē dà.

大曰逝，逝曰远，远曰反。

Dà yuē shì, shì yuē yuǎn, yuǎn yuē fǎn.

故道大，天大，地大，人亦大。

Gù dào dà, tiān dà, dì dà, rén yì dà.

域中有四大，而人居其一焉。

Yù zhōng yǒu sì dà, ér rén jū qí yī yān.

人法地，地法天，天法道，道法自然。

Rén fǎ dì, dì fǎ tiān, tiān fǎ dào, dào fǎ zì rán.

Chapter 25

There is a thing that existed before heaven and earth.

One cannot hear its sound or see its shape,

It is silent and empty without relying on external force,

Operating cyclically and never exhausting,

It can be the mother of everything.

I do not know its name and reluctantly call it "Dao,"

And name it "Da" [Great].

It is vast, far-reaching, and returns to its source.

So, it is said: "Dao is Great,

Heaven is Great, Earth is Great, and Humans are Great."

These are the Four Greats in the Universe,

And humans are one of them.

Earth regulates humans,

Heaven regulates earth,

The Dao regulates heaven,

And Nature regulates the Dao.

第二十六章

重为轻根,静为躁君。

Zhòng wéi qīng gēn, jìng wéi zào jūn.

是以君子终日行不离辎重,

Shì yǐ jūn zǐ zhōng rì xíng bù lí zī zhòng,

虽有荣观,燕处超然。

Suī yǒu róng guān, yàn chǔ chāo rán.

奈何万乘之主,而以身轻天下?

Nài hé wàn chéng zhī zhǔ, ér yǐ shēn qīng tiān xià?

轻则失根,躁则失君。

Qīng zé shī gēn, zào zé shī jūn.

Chapter 26

Heaviness is the root of lightness,

Stillness is the source of movement.

Therefore, the gentleman travels all day,

Without leaving the carriage.

Although life is luxurious and scenery beautiful,

He does not indulge in these.

Why do monarchs of big countries act rashly,

At the risk of losing their land?

If one acts lightly, one may lose their root.

If one acts hastily, one may lose their mastermind.

第二十七章

善行，无辙迹；

Shàn xíng, wú zhé jì;

善言，无瑕谪；

Shàn yán, wú xiá zhé;

善数，不用筹策；

Shàn shù, bú yòng chóu cè;

善闭，无关楗而不可开；

Shàn bì, wú guān jiàn ér bù kě kāi;

善结，无绳约而不可解。

Shàn jié, wú shéng yuē ér bù kě jiě.

是以圣人常善救人，故无弃人；

Shì yǐ shèng rén cháng shàn jiù rén, gù wú qì rén;

常善救物，故无弃物。是谓袭明。

Cháng shàn jiù wù, gù wú qì wù. Shì wèi xí míng.

故善人者，不善人之师；

Gù shàn rén zhě, bú shàn rén zhī shī;

不善人者，善人之资。

Bú shàn rén zhě, shàn rén zhī zī.

不贵其师，不爱其资，

Bú guì qí shī, bú ài qí zī,

虽智大迷，是谓要妙。

Suī zhì dà mí, shì wèi yào miào.

Chapter 27

Those who are good at walking do not leave footsteps.

Those who are good at talking do not have flaws.

Those who are good at counting

Do not need measurement.

Those who are good at closing doors do not use bolts.

Those who are good at binding do not use ropes.

So, the sages who are good at saving people

Do not abandon them.

And those who are good at using objects

Do not discard them.

This is called hidden wisdom.

Good people are bad people's teachers,

Bad people are good people's lessons.

Not respecting one's teacher,

Nor listening to their advice,

But considering oneself as wise, it is unwise.

This is the profound and subtle truth.

第二十八章

知其雄，守其雌，为天下溪。

Zhī qí xióng, shǒu qí cí, wéi tiān xià xī.

为天下溪，常德不离，复归于婴儿。

Wéi tiān xià xī, cháng dé bù lí, fù guī yú yīng ér.

知其白，守其黑，为天下式。

Zhī qí bái, shǒu qí hēi, wéi tiān xià shì.

为天下式，常德不忒，复归于无极。

Wéi tiān xià shì, cháng dé bú tè, fù guī yú wú jí.

知其荣，守其辱，为天下谷。

Zhī qí róng, shǒu qí rǔ, wéi tiān xià gǔ.

为天下谷，常德乃足，复归于朴。

Wéi tiān xià gǔ, cháng dé nǎi zú, fù guī yú pǔ.

朴散则为器，圣人用之，

Pǔ sàn zé wéi qì, shèng rén yòng zhī,

则为官长，故大制不割。

Zé wéi guān zhǎng, gù dà zhì bù gē.

Chapter 28

Knowing what masculine strength is,

But keeping feminine gentleness,

One is willing to be a stream of the world.

To be a stream of the world,

One's eternal virtue will not be lost,

And will return to the infant-like innocence.

Knowing what brightness is,

But settling in darkness,

One is willing to be a model of the world.

To be a model of the world,

One's eternal virtue will not be lost,

And will restore the inexhaustible truth.

Knowing what glory is,

But holding a humble position,

One is willing to be a valley of the world.

To be a valley of the world,

One's eternal virtue will be sufficient,

And will return to simplicity and originality.

The sages use simple and original things,

They will become leaders in government,

So, it is inseparable from perfect politics.

第二十九章

将欲取天下而为之，吾见其不得已。

Jiāng yù qǔ tiān xià ér wéi zhī, wú jiàn qí bù dé yǐ.

天下神器，不可为也，不可执也。

Tiān xià shén qì, bù kě wéi yě, bù kě zhí yě.

为者败之，执者失之。

Wéi zhě bài zhī, zhí zhě shī zhī.

是以圣人无为，故无败，故无失。

Shì yǐ shèng rén wú wéi, gù wú bài, gù wú shī.

夫物或行或随，或歔或吹；

Fū wù huò xíng huò suí, huò xū huò chuī;

或强或羸，或载或隳。

Huò qiáng huò léi, huò zài huò huī.

是以圣人去甚，去奢，去泰。

Shì yǐ shèng rén qù shèn, qù shē, qù tài.

Chapter 29

To govern the world using coercive methods,

I do not think anyone can achieve the goal.

People are sacred and

They cannot be ruled against by their nature.

To use coercive means to govern the world, one will fail.

To dominate the world by force, one will lose the world.

So, the sages do not act hastily,

They will not fail, nor be abandoned.

People have different temperaments:

Some are strong, some weak.

Some live in peace, some in danger.

Therefore, when governing the world,

The sages remove extreme,

Extravagant, and excessive measures.

第三十章

以道佐人主者，不以兵强天下。

Yǐ dào zuǒ rén zhǔ zhě, bù yǐ bīng qiáng tiān xià.

其事好还。

Qí shì hào huán.

师之所处，荆棘生焉。

Shī zhī suǒ chǔ, jīng jí shēng yān.

大军之后，必有凶年。

Dà jūn zhī hòu, bì yǒu xiōng nián.

善者果而已，不敢以取强。

Shàn zhě guǒ ér yǐ, bù gǎn yǐ qǔ qiáng.

果而勿矜，果而勿伐，

Guǒ ér wù jīn, guǒ ér wù fá,

果而勿骄，果而不得已，果而勿强。

Guǒ ér wù jiāo, guǒ ér bù dé yǐ, guǒ ér wù qiáng.

物壮则老，是谓不道，不道早已。

Wù zhuàng zé lǎo, shì wèi bú dào, bú dào zǎo yǐ.

Chapter 30

Those who assist the monarch

in accordance with the Dao,

Will not show off their military power.

The use of armed forces is bound to get retribution.

The battlefields where soldiers fought

They are always full of thorns.

After the war, famine will come.

Those who are good at achieving their goals

Do not use troops.

They achieve their goals without arrogance or boasting,

And consider it is necessary without boost.

A strong army will eventually decline

Because it is against the Dao.

It will expire.

第三十一章

夫兵者，不祥之器，

Fū bīng zhě, bù xiáng zhī qì,

物或恶之，故有道者不处。

Wù huò wù zhī, gù yǒu dào zhě bù chǔ.

君子居则贵左，用兵则贵右。

Jūn zǐ jū zé guì zuǒ, yòng bīng zé guì yòu.

兵者不祥之器，非君子之器，不得已而用之，

Bīng zhě bù xiáng zhī qì, fēi jūn zǐ zhī qì, bù dé yǐ ér yòng zhī,

恬淡为上，胜而不美，而美之者，是乐杀人。

Tián dàn wéi shàng, shèng ér bù měi, ér měi zhī zhě, shì lè shā rén.

夫乐杀人者，则不可以得志于天下矣。

Fū lè shā rén zhě, zé bù kě yǐ dé zhì yú tiān xià yǐ.

吉事尚左，凶事尚右。

Jí shì shàng zuǒ, xiōng shì shàng yòu.

偏将军居左，上将军居右。

Piān jiāng jūn jū zuǒ, shàng jiāng jūn jū yòu.

言以丧礼处之。

Yán yǐ sāng lǐ chǔ zhī.

杀人之众，以悲哀泣之，

Shā rén zhī zhòng, yǐ bēi āi qì zhī,

战胜以丧礼处之。

Zhàn shèng yǐ sāng lǐ chǔ zhī.

Chapter 31

Weapons are ominous things that people detest,

So, the Daoists do not use them.

Weapons are not something

That noble people would apply lightly,

They are only used as a last resort.

It is best to deal with a war indifferently,

Do not be complacent after winning,

Otherwise, it shows one enjoys killing.

Those who enjoy killing cannot serve the world.

The left is usually considered the noble position,

Whereas during a war, the right is the noble position.

Auspicious things are normally placed on the left,

And mourning things on the right.

But during a war, the general sits on the left,

And the captain on the right.

It means that a war must be handled in funeral ritual.

Since war often kills many people,

One must act in a sorrowful mood.

After the victory, treat the lost lives by the funeral ritual.

第三十二章

道常无名。

Dào cháng wú míng.

朴虽小,天下莫能臣。

Pǔ suī xiǎo, tiān xià mò néng chén.

候王若能守之,万物将自宾。

Hóu wáng ruò néng shǒu zhī, wàn wù jiāng zì bīn.

天地相合,以降甘露,

Tiān dì xiāng hé, yǐ jiàng gān lù,

民莫之令而自匀。

Mín mò zhī lìng ér zì jūn.

始制有名,名亦既有,

Shǐ zhì yǒu míng, míng yì jì yǒu,

夫亦将知止,知止可以不殆。

Fū yì jiāng zhī zhǐ, zhī zhǐ kě yǐ bú dài.

譬道之在天下,犹川谷之于江海。

Pì dào zhī zài tiān xià, yóu chuān gǔ zhī yú jiāng hǎi.

Chapter 32

The Dao is forever nameless.

Although the Dao is small,

No one in the world can make it obey themself.

If the rulers can govern the world according to the Dao,

People will naturally follow the Dao.

If the *yin qi* and *yang qi*

Between heaven and earth harmonize,

Honeydew will fall,

And people will naturally balance themselves.

To govern the world successfully,

It is essential to establish a management system,

To determine the various positions,

And to appoint officials at all levels.

After one's position is fixed,

There must be restrictions,

And one must act with moderation.

Knowing the restrictions

And keeping things in moderation,

One will not encounter danger.

People's hearts belong to the Dao,

Just as rivers and streams return to the seas.

第三十三章

知人者智，自知者明。

Zhī rén zhě zhì, zì zhī zhě míng.

胜人者有力，自胜者强。

Shèng rén zhě yǒu lì, zì shèng zhě qiáng.

知足者富。

Zhī zú zhě fù.

强行者有志。

Qiáng xíng zhě yǒu zhì.

不失其所者久。

Bù shī qí suǒ zhě jiǔ.

死而不亡者寿。

Sǐ ér bù wáng zhě shòu.

Chapter 33

Knowing others is intelligence,

Knowing oneself is wisdom.

Defeating others is force,

Restraining oneself is strength.

Having contentment is wealth,

Possessing perseverance is achievement.

Maintaining one's root is longevity,

Dying while keeping the Dao is immortal.

第三十四章

大道泛兮，其可左右。

Dà dào fàn xī, qí kě zuǒ yòu.

万物恃之以生而不辞，功成而不有。

Wàn wù shì zhī yǐ shēng ér bù cí, gōng chéng ér bù yǒu.

衣养万物而不为主，可名于小；

Yī yǎng wàn wù ér bù wéi zhǔ, kě míng yú xiǎo;

万物归焉而不为主，可名为大。

Wàn wù guī yān ér bù wéi zhǔ, kě míng wéi dà.

以其终不自为大，故能成其大。

Yǐ qí zhōng bú zì wéi dà, gù néng chéng qí dà.

Chapter 34

The Dao is running widely,

And it is omnipresent everywhere.

Everything depends on it for growth,

And it does not reject anything.

It accomplishes all things without claim,

And it nourishes all things without domination,

This can be called small.

All things belong to it, but it does not claim master,

This can be said to be great.

Just because it does not think itself great,

It can achieve its greatness.

第三十五章

执大象,天下往。

Zhí dà xiàng, tiān xià wǎng.

往而不害,安平太。

Wǎng ér bú hài, ān píng tài.

乐与饵,过客止。

Lè yǔ ěr, guò kè zhǐ.

道之出口,淡乎其无味,

Dào zhī chū kǒu, dàn hū qí wú wèi,

视之不足见,

Shì zhī bù zú jiàn,

听之不足闻,

Tīng zhī bù zú wén,

用之不足既。

Yòng zhī bù zú jì.

Chapter 35

Those who have mastered the Dao,

People will turn to them from around the world.

Turning to them without harming each other,

Everyone is peaceful and tranquil.

Music and food may attract walkers to pause,

But when the Dao is spoken out,

It becomes plain and tasteless.

One cannot see it, nor can hear it,

But its effects are endless.

第三十六章

将欲歙之,必固张之;

Jiāng yù xī zhī, bì gù zhāng zhī;

将欲弱之,必固强之;

Jiāng yù ruò zhī, bì gù qiáng zhī;

将欲废之,必固兴之;

Jiāng yù fèi zhī, bì gù xīng zhī;

将欲取之,必固与之。

Jiāng yù qǔ zhī, bì gù yǔ zhī.

是谓微明,柔弱胜刚强。

Shì wèi wēi míng, róu ruò shèng gāng qiáng.

鱼不可脱于渊,

Yú bù kě tuō yú yuān,

国之利器不可以示人。

Guó zhī lì qì bù kě yǐ shì rén.

Chapter 36

If one wants to shrink something,

They must first expand it.

If one wants to weaken something,

They must first strengthen it.

If one wants to abolish something,

They must first promote it.

If one wants to take something,

They must first give it.

This is called the subtle sign

That the weak overcomes the strong.

The fish cannot be separated from water for survival,

The national law should not be shown off

to intimidate people.

第三十七章

道常无为而无不为。

Dào cháng wú wéi ér wú bù wéi.

侯王若能守之，万物将自化。

Hóu wáng ruò néng shǒu zhī, wàn wù jiāng zì huà.

化而欲作，吾将镇之以无名之朴。

Huà ér yù zuò, wú jiāng zhèn zhī yǐ wú míng zhī pǔ.

镇之以无名之朴，夫将不欲。

Zhèn zhī yǐ wú míng zhī pǔ, fū jiāng bú yù.

不欲以静，天下将自定。

Bú yù yǐ jìng, tiān xià jiāng zì dìng.

Chapter 37

The Dao is always natural and inactive,

Yet there is nothing that it does not do.

If the ruler can govern the country according to the Dao,

Everything will grow and develop by itself.

When greed arises during self-growth,

I will teach them about the simplicity of Dao.

Teaching about the simplicity of Dao,

One will not become greedy.

If everyone is without greed,

The world will be a stable place.

第三十八章

上德不德，是以有德；

Shàng dé bù dé, shì yǐ yǒu dé;

下德不失德，是以无德。

Xià dé bù shī dé, shì yǐ wú dé.

上德无为而无以为；

Shàng dé wú wéi ér wú yǐ wéi;

下德无为而有以为。

Xià dé wú wéi ér yǒu yǐ wéi.

上仁为之而无以为；

Shàng rén wéi zhī ér wú yǐ wéi;

上义为之而有以为。

Shàng yì wéi zhī ér yǒu yǐ wéi.

上礼为之而莫之应，

Shàng lǐ wéi zhī ér mò zhī yìng,

则攘臂而扔之。

Zé rǎng bì ér rēng zhī.

故失道而后德，失德而后仁，

Gù shī dào ér hòu dé, shī dé ér hòu rén,

失仁而后义，失义而后礼。

Shī rén ér hòu yì, shī yì ér hòu lǐ.

夫礼者，忠信之薄，而乱之首。

Fū lǐ zhě, zhōng xìn zhī báo, ér luàn zhī shǒu.

前识者，道之华，而愚之始。

Qián shí zhě, dào zhī huá, ér yú zhī shǐ.

是以大丈夫处其厚，不居其薄；

Shì yǐ dà zhàng fū chǔ qí hòu, bù jū qí báo;

处其实，不居其华。

Chǔ qí shí, bù jū qí huá.

故去彼取此。

Gù qù bǐ qǔ cǐ.

Chapter 38

People with high virtue do not seem virtuous

But they have virtue.

People with low virtue seem virtuous

But they do not have virtue.

People with high virtue

Conform to nature's unintentional actions.

People with low virtue

Conform to nature's intentional actions.

People with high benevolence

Show benevolence unintentionally.

People with high righteousness

Show righteousness intentionally.

People with high rituals

Show rituals without anyone's response,

Then, they stretch out their arms to force people to obey.

After losing the Dao, virtue comes,

After losing virtue, benevolence comes,

After losing benevolence, righteousness comes,

After losing righteousness, ritual comes.

Ritual is the result of a lack of faith,

And the beginning of a disaster.

The so-called "prophet" is nothing

But an illusion of the Dao,

From which ignorance begins to arise.

So, the sages stand upright

And do not want to be indifferent.

They have a simple heart and do not live in vain.

They abandon vanity

And adopt simplicity and honesty in life.

第三十九章

昔之得一者：天得一以清；

Xī zhī dé yī zhě: Tiān dé yī yǐ qīng;

地得一以宁；神得一以灵；

Dì dé yī yǐ níng; shén dé yī yǐ líng;

谷得一以盈；万物得一以生；

Gǔ dé yī yǐ yíng; wàn wù dé yī yǐ shēng;

侯王得一以为天下贞。

Hóu wáng dé yī yǐ wéi tiān xià zhēn.

其致之一也，谓天无以清，将恐裂；

Qí zhì zhī yī yě, wèi tiān wú yǐ qīng, jiāng kǒng liè;

地无以宁，将恐废；

Dì wú yǐ níng, jiāng kǒng fèi;

神无以灵，将恐歇；

Shén wú yǐ líng, jiāng kǒng xiē;

谷无以盈，将恐竭；

Gǔ wú yǐ yíng, jiāng kǒng jié;

万物无以生，将恐灭；

Wàn wù wú yǐ shēng, jiāng kǒng miè;

侯王无以贞，将恐蹶。

Hóu wáng wú yǐ zhēn, jiāng kǒng jué.

故贵以贱为本，高以下为基。

Gù guì yǐ jiàn wéi běn, gāo yǐ xià wéi jī.

是以侯王自谓孤、寡、不谷。

Shì yǐ hóu wáng zì wèi gū, guǎ, bù gǔ.

此非以贱为本邪？非乎？

Cǐ fēi yǐ jiàn wéi běn yé? Fēi hū?

故至誉无誉。

Gù zhì yù wú yù.

是故不欲琭琭如玉，珞珞如石。

Shì gù bú yù lù lù rú yù, luò luò rú shí.

Chapter 39

Those who obtained the Dao in the past:

The sky was bright and clear.

The earth was peaceful and tranquil.

The people were heroic and spiritual.

The valley was filled and everything grew.

The emperors and kings became leaders of the world.

In other words, if the sky is not clear, it will break.

If the earth is not peaceful, it will collapse.

If the people are not spiritual, they will become extinct.

If the valley cannot maintain water, it will dry up.

If nothing can keep growing, things will be wiped out.

If the emperors and kings

Could not maintain their leading positions,

They will be overthrown.

Therefore, the noble is based on the ordinary,

The high is based on the low.

And so, the emperors and kings called themselves:

"Loners," "widowers," and "no valleys."

Isn't this based on humbleness? Isn't it?

Thus, the highest honor does not require praise.

It is unnecessary to be as precious as jade,

But rather to be as hard as rock.

第四十章

反者道之动，弱者道之用。

Fǎn zhě dào zhī dòng, ruò zhě dào zhī yòng.

天下万物生于有，有生于无。

Tiān xià wàn wù shēng yú yǒu, yǒu shēng yú wú.

Chapter 40

The movement of the Dao is cyclical,
And the effect of the Dao is gentle.
All things are produced
From the visible and tangible,
And the tangible is generated
From the invisible and intangible.

第四十一章

上士闻道，勤而行之；

Shàng shì wén dào, qín ér xíng zhī;

中士闻道，若存若亡；

Zhōng shì wén dào, ruò cún ruò wáng;

下士闻道，大而笑之。

Xià shì wén dào, dà ér xiào zhī.

不笑不足以为道！

Bú xiào bù zú yǐ wéi dào!

故建言有之：明道若昧；

Gù jiàn yán yǒu zhī: Míng dào ruò mèi;

进道若退；夷道若颣。

Jìn dào ruò tuì; yí dào ruò lèi.

上德若谷；大白若辱；

Shàng dé ruò gǔ; dà bái ruò rǔ;

广德若不足；建德若偷；质直若渝。

Guǎng dé ruò bù zú; jiàn dé ruò tōu; zhì zhí ruò yú.

大方无隅；大器晚成；

Dà fāng wú yú; dà qì wǎn chéng;

大音希声；大象无形。道隐无名。

Dà yīn xī shēng; dà xiàng wú xíng. Dào yǐn wú míng.

夫唯道，善贷且成。

Fū wéi dào, shàn dài qiě chéng.

Chapter 41

When the supreme heard the Dao,

They worked hard to implement it.

When the sergeant heard the Dao,

They half believed it and half doubted it.

When the corporal heard the Dao, they laughed at it.

If it is not laughed at, it is not enough to be the Dao.

Therefore, the ancients wrote:

The bright Dao looks dark.

The Dao forward looks backward.

The smooth Dao looks rugged.

The lofty virtue seems like a low valley.

The vast virtue seems inadequate.

The vigorous virtue seems like laziness.

The simple and innocent looks turbid.

The purest thing contains blemishes.

The perfect square has no corners.

The most precious utensil is made last.

The loudest voice sounds silent.

The largest image has no shape.

The Dao is hidden and nameless.

Yet only the Dao can make everything start and end well.

第四十二章

道生一，一生二，二生三，三生万物。

Dào shēng yī, yī shēng èr, èr shēng sān, sān shēng wàn wù.

万物负阴而抱阳，冲气以为和。

Wàn wù fù yīn ér bào yáng, chōng qì yǐ wéi hé.

人之所恶，唯孤、寡、不谷，而王公以为称。

Rén zhī suǒ wù, wéi gū, guǎ, bù gǔ, ér wáng gōng yǐ wéi chēng.

故物或损之而益，或益之而损。

Gù wù huò sǔn zhī ér yì, huò yì zhī ér sǔn.

人之所教，我亦教之。

Rén zhī suǒ jiào, wǒ yì jiào zhī.

强梁者不得其死，吾将以为教父。

Qiáng liáng zhě bù dé qí sǐ, wú jiāng yǐ wéi jiào fù.

Chapter 42

The Dao is one and unique,

Which contains the two of *yin* and *yang*.

Yin and *yang* intersect to generate a third state

That produces all things.

Everything is against *yin* and facing *yang*,

Yin and *yang* are in constant exchange

to form a new harmonious entity.

What people hate most are being "loners,"

"Widowers," and "no valleys,"

But the emperors and kings used these words

to call themselves.

Therefore, if something decreases, it will increase.

If it increases, it will decrease.

Others have taught me this way,

So, I have taught others the same way.

Violent people will have nowhere to be buried,

I give this advice as the purpose of my teaching.

第四十三章

天下之至柔,驰骋天下之坚。

Tiān xià zhī zhì róu, chí chěng tiān xià zhī jiān.

无有入无间,吾是以知无为之有益。

Wú yǒu rù wú jiàn, wú shì yǐ zhī wú wéi zhī yǒu yì.

不言之教,无为之益,天下希及之。

Bù yán zhī jiào, wú wéi zhī yì, tiān xià xī jí zhī.

Chapter 43

The gentlest thing can walk through

The hardest thing in the world.

The invisible force can penetrate through

The seamless object.

I thus know the benefit of inaction contrary to nature.

Speechless teaching,

And inaction contrary to nature are beneficial,

But few people in the world can achieve this state.

第四十四章

名与身孰亲?

Míng yǔ shēn shú qīn?

身与货孰多?

Shēn yǔ huò shú duō?

得与亡孰病?

Dé yǔ wáng shú bìng?

甚爱必大费,多藏必厚亡。

Shèn ài bì dà fèi, duō cáng bì hòu wáng.

故知足不辱,知止不殆,可以长久。

Gù zhī zú bù rǔ, zhī zhǐ bú dài, kě yǐ cháng jiǔ.

Chapter 44

Which is dearer, fame or life?

Which is more important, life or fortune?

Which is more harmful,

Gaining fame and fortune or losing life?

Excessively pursuing fame and fortune,

One will pay a great price.

Exceedingly accumulating wealth,

One may lead to dreadful losses.

Therefore, if one knows contentment,

They will not be humiliated.

If one knows when to stop,

They will not encounter danger and can live a long life.

第四十五章

大成若缺，其用不弊。

Dà chéng ruò quē, qí yòng bú bì.

大盈若冲，其用不穷。

Dà yíng ruò chōng, qí yòng bù qióng.

大直若屈，大巧若拙，大辩若讷。

Dà zhí ruò qū, dà qiǎo ruò zhuō, dà biàn ruò nè.

躁胜寒，静胜热。清静为天下正。

Zào shèng hán, jìng shèng rè. Qīng jìng wéi tiān xià zhèng.

Chapter 45

The most complete seems to be deficient,

But its function will not be exhausted.

The fully filled seems to be empty,

But its effects will be endless.

The most straight seems to be crooked,

The most dexterous seems to be clumsy,

And the best debater seems to be not good at speaking.

Constant movement can overcome the cold,

Stillness can overcome the heat.

Quietness and action

That is in accordance with the natural law,

Can rule the world.

第四十六章

天下有道，却走马以粪；

Tiān xià yǒu dào, què zǒu mǎ yǐ fèn;

天下无道，戎马生于郊。

Tiān xià wú dào, róng mǎ shēng yú jiāo.

祸莫大于不知足，咎莫大于欲得。

Huò mò dà yú bù zhī zú, jiù mò dà yú yù dé.

故知足之足，常足矣。

Gù zhī zú zhī zú, cháng zú yǐ.

Chapter 46

Governing the world according to the Dao,
The world will be peaceful and tranquil,
And the warhorses will be returned to farmers
for cultivating the fields.
Governing the world against the Dao,
Even the mares will be sent to battlefields
to give birth to ponies.
The biggest scourge is discontentment,
And the biggest fault is greed.
Therefore, those who know contentment
Are always contented.

第四十七章

不出户，知天下；

Bù chū hù, zhī tiān xià;

不窥牖，见天道。

Bù kuī yǒu, jiàn tiān dào.

其出弥远，其知弥少。

Qí chū mí yuǎn, qí zhī mí shǎo.

是以圣人不行而知，

Shì yǐ shèng rén bù xíng ér zhī,

不见而明，不为而成。

Bú jiàn ér míng, bù wéi ér chéng.

Chapter 47

Without stepping out of the door,
One can understand the world.
Without looking out of the window,
One can see the natural laws.
The further one goes out,
The less one knows the truth.
Therefore, the sages can infer things without going out,
They can understand the "way of heaven"
Without looking outside,
And they can accomplish things
Without action contrary to nature.

第四十八章

为学日益，为道日损，
Wéi xué rì yì, wéi dào rì sǔn,
损之又损，以至于无为。
Sǔn zhī yòu sǔn, yǐ zhì yú wú wéi.
无为而无不为，取天下常以无事；
Wú wéi ér wú bù wéi, qǔ tiān xià cháng yǐ wú shì;
及其有事，不足以取天下。
Jí qí yǒu shì, bù zú yǐ qǔ tiān xià.

Chapter 48

Those who pursue politics and rituals,

Their passion and decoration increase day by day.

Those who seek the Dao,

Their passion and decoration decrease day by day.

Decrease and decrease,

They can ultimately reach the state

of inaction contrary to nature.

If one can comply with inaction contrary to nature,

One can achieve anything.

Those who govern the world

Must not harass people as their first principle.

If they harass people with harsh policies,

They are unsuitable to govern the world.

第四十九章

圣人常无心，以百姓之心为心。

Shèng rén cháng wú xīn, yǐ bǎi xìng zhī xīn wéi xīn.

善者，吾善之；

Shàn zhě, wú shàn zhī;

不善者，吾亦善之，德善。

Bú shàn zhě, wú yì shàn zhī, dé shàn.

信者，吾信之；

Xìn zhě, wú xìn zhī;

不信者，吾亦信之，德信。

Bú xìn zhě, wú yì xìn zhī, dé xìn.

圣人在天下，歙歙焉为天下浑其心，

Shèng rén zài tiān xià, xī xī yān wéi tiān xià hún qí xīn,

百姓皆注其耳目，圣人皆孩之。

Bǎi xìng jiē zhù qí ěr mù, shèng rén jiē hái zhī.

Chapter 49

The sages are often unselfish,

They take the hearts of people as their own hearts.

For kind people, they treat them kindly.

For unkind people, they also treat them kindly,

So that everyone will be kind.

For trustworthy people, they trust them.

For untrustworthy people, they also trust them,

So that everyone will keep their promises.

The sages restrain their desires

And return their minds to simplicity.

The common people all focus on

Their own eyes and ears,

But the sages all return to their infant-like innocence.

第五十章

出生入死。

Chū shēng rù sǐ.

生之徒，十有三；

Shēng zhī tú, shí yǒu sān;

死之徒，十有三；

Sǐ zhī tú, shí yǒu sān;

人之生，动之于死地，亦十有三。

Rén zhī shēng, dòng zhī yú sǐ dì, yì shí yǒu sān.

夫何故？以其生生之厚。

Fū hé gù? Yǐ qí shēng shēng zhī hòu.

盖闻善摄生者，

Gài wén shàn shè shēng zhě,

陆行不遇兕虎，

Lù xíng bú yù sì hǔ,

入军不被甲兵。

Rù jūn bú bèi jiǎ bīng.

兕无所投其角，

Sì wú suǒ tóu qí jiǎo,

虎无所措其爪，

Hǔ wú suǒ cuò qí zhǎo,

兵无所容其刃。

Bīng wú suǒ róng qí rèn.

夫何故？以其无死地。

Fū hé gù? Yǐ qí wú sǐ dì.

Chapter 50

Humans are born into the world and die on the earth.

Those who live a long-life account for 30 percent.

Those who live a short-life account for 30 percent.

And those who should have lived longer

But dying earlier also accounts for 30 percent.

Why is that?

Because they pursue longevity and an extravagant life.

It is said that those who are good at protecting their lives,

Can walk on land without encountering rhinos and tigers,

And they will not be harmed by war weapons.

To them, the rhinos have nowhere to throw their horns,

The tigers have nowhere to stretch their claws,

And the weapons have nowhere to stab through them.

Why is that?

Because they have not entered the realm of death.

第五十一章

道生之，德畜之，

Dào shēng zhī, dé chù zhī,

物形之，势成之。

Wù xíng zhī, shì chéng zhī.

是以万物莫不尊道而贵德。

Shì yǐ wàn wù mò bù zūn dào ér guì dé.

道之尊，德之贵，

Dào zhī zūn, dé zhī guì,

夫莫之命而常自然。

Fū mò zhī mìng ér cháng zì rán.

故道生之，德畜之，

Gù dào shēng zhī, dé chù zhī,

长之育之，亭之毒之，养之覆之。

Zhǎng zhī yù zhī, tíng zhī dú zhī, yǎng zhī fù zhī.

生而不有，为而不恃，

Shēng ér bù yǒu, wéi ér bú shì,

长而不宰，是谓玄德。

Zhǎng ér bù zǎi, shì wèi xuán dé.

Chapter 51

The Dao generates all things,

And virtue nurtures all things,

Things appear in various forms,

And the environments make them grow.

Thus, all things respect the Dao and treasure virtue.

The Dao is honored and virtue cherished,

Because the Dao grows all things without interference,

And virtue nourishes all things

By making them take their natural course.

So, the Dao let all things grow without possessing them,

And virtue directs all things without dominating them,

This is called a mysterious and profound virtue.

第五十二章

天下有始，以为天下母。

Tiān xià yǒu shǐ, yǐ wéi tiān xià mǔ.

既得其母，以知其子；

Jì dé qí mǔ, yǐ zhī qí zǐ;

既知其子，复守其母，没身不殆。

Jì zhī qí zǐ, fù shǒu qí mǔ, méi shēn bú dài.

塞其兑，闭其门，终身不勤。

Sāi qí duì, bì qí mén, zhōng shēn bù qín.

开其兑，济其事，终身不救。

Kāi qí duì, jì qí shì, zhōng shēn bú jiù.

见小曰明，守柔曰强。

Jiàn xiǎo yuē míng, shǒu róu yuē qiáng.

用其光，复归其明，

Yòng qí guāng, fù guī qí míng,

无遗身殃，是谓袭常。

Wú yí shēn yāng, shì wèi xí cháng.

Chapter 52

Everything in the world has a beginning,

This beginning is the root of everything.

If one knows the root of everything,

They will know all things.

If one knows all things and grasps the root of everything,

There will be no danger in their life.

Plugging the hole of desire, closing the door of desire,

There will be no trouble in their life.

Opening the hole of desire,

It will add irreversible complications to their life.

To be able to perceive subtlety is called "brightness,"

To be able to maintain gentleness is called "strength."

Using one's radiance to reflect their inner light,

It will not bring disaster to them,

This is called the "eternal Dao."

第五十三章

使我介然有知，

Shǐ wǒ jiè rán yǒu zhī,

行于大道，唯施是畏。

Xíng yú dà dào, wéi shī shì wèi.

大道甚夷，而人好径。

Dà dào shèn yí, ér rén hào jìng.

朝甚除，田甚芜，

Zhāo shèn chú, tián shèn wú,

仓甚虚，服文彩，

Cāng shèn xū, fú wén cǎi,

带利剑，厌饮食，

Dài lì jiàn, yàn yǐn shí,

财货有馀，是谓盗竽。

Cái huò yǒu yú, shì wèi dào yú.

非道也哉！

Fēi dào yě zāi!

Chapter 53

If I have a little knowledge,

I will walk on the great Dao,

But I am worrying that I'm going the wrong way.

Although the Dao is flat,

The monarch likes to follow the evil path.

Thus, the government has become extremely corrupt,

The farmland is desolate, the granary is empty,

But the monarch is still dressed in splendid clothes,

Wearing a sharp sword and feasting on fine food,

Robbing and possessing the surplus,

This is called a "robber chief."

How contrary to the Dao it is!

第五十四章

善建者不拔，善抱者不脱，

Shàn jiàn zhě bù bá, shàn bào zhě bù tuō,

子孙以祭祀不辍。

Zǐ sūn yǐ jì sì bú chuò.

修之于身，其德乃真；

Xiū zhī yú shēn, qí dé nǎi zhēn;

修之于家，其德乃馀；

Xiū zhī yú jiā, qí dé nǎi yú;

修之于乡，其德乃长；

Xiū zhī yú xiāng, qí dé nǎi cháng;

修之于邦，其德乃丰；

Xiū zhī yú bāng, qí dé nǎi fēng;

修之于天下，其德乃普。

Xiū zhī yú tiān xià, qí dé nǎi pǔ.

故以身观身，以家观家，

Gù yǐ shēn guān shēn, yǐ jiā guān jiā,

以乡观乡，以邦观邦，

Yǐ xiāng guān xiāng, yǐ bāng guān bāng,

以天下观天下。

Yǐ tiān xià guān tiān xià.

吾何以知天下然哉？以此。

Wú hé yǐ zhī tiān xià rán zāi? Yǐ cǐ.

Chapter 54

Those who are good at gaining achievements are stable,

Those who are good at holding things up will not fall off,

If one's offspring can follow this principle,

The family homage will continue.

Applying the principle to the self,

One's virtue will be pure.

Applying the principle to the home,

One's virtue will be abundant.

Applying the principle to the hometown,

One's virtue will be honored.

Applying the principle to the homeland,

One's virtue will be cherished.

Applying the principle to the world,

One's virtue will be infinitely popular.

So, through one's self-cultivation,

One can observe others' cultivation.

Through one's own home,

One can observe others' homes.

Through one's own hometown,

One can observe others' hometowns.

Through one's own homeland,

One can observe others' homelands,

And pacify the world.

How do I know what is going on in the world?

I use the above method.

第五十五章

含德之厚，比于赤子。

Hán dé zhī hòu, bǐ yú chì zǐ.

毒虫不螫，猛兽不据，攫鸟不博，

Dú chóng bú shì, měng shòu bú jù, jué zhì bù bó,

骨弱筋柔而握固。

Gǔ ruò jīn róu ér wò gù.

未知牝牡之合而朘作，精之至也。

Wèi zhī pìn mǔ zhī hé ér zuī zuò, jīng zhī zhì yě.

终日号而不嗄，和之至也。

Zhōng rì háo ér bú shà, hé zhī zhì yě.

知和曰常，知常曰明，

Zhī hé yuē cháng, zhī cháng yuē míng,

益生曰祥，心使气曰强。

Yì shēng yuē xiáng, xīn shǐ qì yuē qiáng.

物壮则老，谓之不道，不道早已。

Wù zhuàng zé lǎo, wèi zhī bú dào, bú dào zǎo yǐ.

Chapter 55

Those who have strong morals are like newborn babies.
Poisonous insects do not sting them,
Fierce beasts do not harm them,
And ferocious birds do not fight them.
Although their bones and muscles are weak,
Their fists are firm.
Although they do not know the intercourse
Between men and women,
They are full of life.
Babies may cry every day,
But their voices are mellow and harmonious.
Knowing the principle of harmony is called "eternality,"
And knowing eternality is called "brightness."
Insatiability and indulgence may lead to disaster,
Yet if one's life is controlled by desire,
It is called "courage."
Things too prosperous will become old
And nonconforming to the Dao.
Things that do not follow the Dao will perish.

第五十六章

知者不言,言者不知。

Zhì zhě bù yán, yán zhě bù zhī.

塞其兑,闭其门;

Sāi qí duì, bì qí mén;

挫其锐,解其纷;

Cuò qí ruì, jiě qí fēn;

和其光,同其尘,是谓玄同。

Hé qí guāng, tóng qí chén, shì wèi xuán tóng.

故不可得而亲,不可得而疏;

Gù bù kě dé ér qīn, bù kě dé ér shū;

不可得而利,不可得而害;

Bù kě dé ér lì, bù kě dé ér hài;

不可得而贵,不可得而贱,

Bù kě dé ér guì, bù kě dé ér jiàn,

故为天下贵。

Gù wéi tiān xià guì.

Chapter 56

Those who know it do not talk,

Those who talk do not know it.

Block the orifices of desire and close the doors of lust.

Blunt the sharp edges, and free them from strife.

Restrain their brilliance, and blend their earthly worlds,

This is a profound mystery.

Those who have reached the realm of mystery,

Have transcended the secular scope of

Intimacy and estrangement,

Profit and harm,

Nobility and humbleness.

Therefore, they are respected by all in the world.

第五十七章

以正治国，以奇用兵，以无事取天下。

Yǐ zhèng zhì guó, yǐ qí yòng bīng, yǐ wú shì qǔ tiān xià.

吾何以知其然哉？以此：

Wú hé yǐ zhī qí rán zāi? Yǐ cǐ:

天下多忌讳，而民弥贫；

Tiān xià duō jì huì, ér mín mí pín;

人多利器，国家滋昏；

Rén duō lì qì, guó jiā zī hūn;

人多伎巧，奇物滋起；

Rén duō jì qiǎo, qí wù zī qǐ;

法令滋彰，盗贼多有。

Fǎ lìng zī zhāng, dào zéi duō yǒu.

故圣人云：

Gù shèng rén yún:

"我无为，而民自化；

"Wǒ wú wéi, ér mín zì huà;

我好静，而民自正；

Wǒ hào jìng, ér mín zì zhèng;

我无事，而民自富；

Wǒ wú shì, ér mín zì fù;

我无欲，而民自朴。"

Wǒ wú yù, ér mín zì pǔ."

Chapter 57

Govern the country according to the Dao,

Use the army in an artful and clever way,

Rule the world without disturbing people.

How do I know these principles? Because:

The more prohibitions the country has,

The poorer the people will be.

The more weapons the people have,

The more disordered the country will be.

The more skills people have,

The more evil and strange things will happen.

The stricter laws the country has,

The more burglars its society will have.

Therefore, the sage says:

"If I have inaction contrary to nature,

The people will naturally obey.

If I am quiet and tranquil,

The people will be naturally pure.

If I do not disturb the people,

The people will be naturally rich.

If I have no extravagant desires,

The people will be naturally simple and honest."

第五十八章

其政闷闷，其民淳淳；

Qí zhèng mèn mèn, qí mín chún chún;

其政察察，其民缺缺。

Qí zhèng chá chá, qí mín quē quē.

祸兮，福之所倚；

Huò xī, fú zhī suǒ yǐ;

福兮，祸之所伏。

Fú xī, huò zhī suǒ fú.

孰知其极？其无正也。

Shú zhī qí jí? Qí wú zhèng yě.

正复为奇，善复为妖。

Zhèng fù wéi qí, shàn fù wéi yāo.

人之迷，其日固久。

Rén zhī mí, qí rì gù jiǔ.

是以圣人方而不割，廉而不刿，

Shì yǐ shèng rén fāng ér bù gē, lián ér bú guì,

直而不肆，光而不耀。

Zhí ér bú sì, guāng ér bú yào.

Chapter 58

When politics is generous, the people will be honest.

When politics is harsh, the people will be cunning.

Misfortune is where good fortune rests.

Good fortune is where misfortune hides.

Who knows whether it will be misfortune

Or good fortune?

There are no established standards.

Good suddenly turns into evil,

Kind suddenly turns cruel,

People have been confused with these for a long time.

So, the sages are square but not rigid,

Having edges but not hurting others,

Straightforward but not presumptuous,

Bright but not dazzling.

第五十九章

治人事天，莫若啬。
Zhì rén shì tiān, mò ruò sè.
夫唯啬，是谓早服。
Fū wéi sè, shì wèi zǎo fú.
早服谓之重积德；
Zǎo fú wèi zhī zhòng jī dé;
重积德则无不克；
Zhòng jī dé zé wú bú kè;
无不克则莫知其极；
Wú bú kè zé mò zhī qí jí;
莫知其极，可以有国。
Mò zhī qí jí, kě yǐ yǒu guó.
有国之母，可以长久。
Yǒu guó zhī mǔ, kě yǐ cháng jiǔ.
是谓深根固柢，长生久视之道。
Shì wèi shēn gēn gù dǐ, cháng shēng jiǔ shì zhī dào.

Chapter 59

Governing the people

And protecting their body and mind,

There is nothing more important

Than cherishing their spirit.

Cherishing their spirit is to prepare early.

Preparing early is to constantly accumulate virtue.

Constantly accumulating virtues,

One can accomplish anything.

If one can accomplish anything,

Their strength cannot be measured.

With immeasurable strength,

One can take heavy responsibility

For governing the country.

Holding correct principles of governing the country,

The country can last long.

This is called deep root and solid foundation,

Which is in accordance with the way of long-term peace.

第六十章

治大国，若烹小鲜，

Zhì dà guó, ruò pēng xiǎo xiān,

以道莅天下，其鬼不神。

Yǐ dào lì tiān xià, qí guǐ bù shén.

非其鬼不神，其神不伤人。

Fēi qí guǐ bù shén, qí shén bù shāng rén.

非其神不伤人，圣人亦不伤人。

Fēi qí shén bù shāng rén, shèng rén yì bù shāng rén.

夫两不相伤，故德交归焉。

Fū liǎng bù xiāng shāng, gù dé jiāo guī yān.

Chapter 60

Governing a big country is like frying a small fish.

Running the country according to the Dao,

Ghosts will not interfere with the course.

It is not that ghosts will not work,

It is that ghosts will not harm people.

Not only ghosts will not harm people,

Sages will also not hurt people.

So, neither ghosts nor sages will hurt people,

People can be safe and enjoy virtue.

第六十一章

大邦者下流，天下之交也，天下之牝，

Dà bāng zhě xià liú, tiān xià zhī jiāo yě, tiān xià zhī pìn,

牝常以静胜牡，以静为下。

Pìn cháng yǐ jìng shèng mǔ, yǐ jìng wéi xià.

故大邦以下小邦，则取小邦；

Gù dà bāng yǐ xià xiǎo bāng, zé qǔ xiǎo bāng;

小邦以下大邦，则取大邦。

Xiǎo bāng yǐ xià dà bāng, zé qǔ dà bāng.

故或下以取，或下而取。

Gù huò xià yǐ qǔ, huò xià ér qǔ.

大邦不过欲兼畜人，

Dà bāng bú guò yù jiān chù rén,

小邦不过欲入事人。

Xiǎo bāng bú guò yù rù shì rén.

夫两者各得其所欲，大者宜为下。

Fū liǎng zhě gè dé qí suǒ yù, dà zhě yí wéi xià.

Chapter 61

A big country should be like the lower reaches of a river,

Where all the lakes and streams gather,

And which has feminine quietness.

Feminine quietness often

Outperforms masculine strength,

Because quietness is in the lower position of gentleness.

So, if a big country is respectful to a small country,

It can gain the trust of the small country.

If a small country is respectful to a big country,

It can be accommodated by the big country.

Sometimes a big country wins the trust

Of a small country with humility,

Sometimes a small country is accommodated

By a big country with humility.

A big country should not try to take over a small country,

A small country should not try to flatter a big country.

Thus, both big and small countries

Can reach their aspirations,

And a big country should especially be modest.

第六十二章

道者，万物之奥，

Dào zhě, wàn wù zhī ào,

善人之宝，不善人之所保。

Shàn rén zhī bǎo, bú shàn rén zhī suǒ bǎo.

美言可以市尊，美行可以加人。

Měi yán kě yǐ shì zūn, měi xíng kě yǐ jiā rén.

人之不善，何弃之有？

Rén zhī bú shàn, hé qì zhī yǒu?

故立天子，置三公，

Gù lì tiān zǐ, zhì sān gōng,

虽有拱璧以先驷马，不如坐进此道。

Suī yǒu gǒng bì yǐ xiān sì mǎ, bù rú zuò jìn cǐ dào.

古之所以贵此道者何？

Gǔ zhī suǒ yǐ guì cǐ dào zhě hé?

不曰：求以得，有罪以免邪？

Bù yuē: Qiú yǐ dé, yǒu zuì yǐ miǎn yé?

故为天下贵。

Gù wéi tiān xià guì.

Chapter 62

The Dao provides shade for all,

Kind people treasure it; unkind people keep it.

Beautiful words are respected by all,

Good behaviors are valued by all.

How can an unkind person abandon the Dao?

When the monarch was enthroned

And established the three dukes,

A ceremony took place with a large piece of jade

in front of a four-horse carriage.

It would be better to have the ceremony

As a devotion to the Dao.

Why has the Dao been so important since ancient times?

Isn't it because if one acts according to the Dao,

They can be forgiven even if they are guilty?

Therefore, people attach such great importance

To the Dao.

第六十三章

为无为，事无事，味无味。

Wéi wú wéi, shì wú shì, wèi wú wèi.

大小多少，报怨以德。

Dà xiǎo duō shǎo, bào yuàn yǐ dé.

图难于其易，为大于其细。

Tú nán yú qí yì, wéi dà yú qí xì.

天下难事，必作于易；

Tiān xià nán shì, bì zuò yú yì;

天下大事，必作于细。

Tiān xià dà shì, bì zuò yú xì.

是以圣人终不为大，故能成其大。

Shì yǐ shèng rén zhōng bù wéi dà, gù néng chéng qí dà.

夫轻诺必寡信，多易必多难。

Fū qīng nuò bì guǎ xìn, duō yì bì duō nán.

是以圣人犹难之，故终无难矣。

Shì yǐ shèng rén yóu nán zhī, gù zhōng wú nán yǐ.

Chapter 63

Do things without action contrary to nature,

Do things that will not cause trouble,

And treat the tasteless as tasteful.

The big generate from the small,

And the more arise from the less.

Start with something simple,

And achieve greatness little by little.

The hard things in the world always start from the easy.

The big things in the world always start from the small.

The sages who obtained the Dao are always humble,

So, they can accomplish big undertakings.

If one promises easily, they may lose trust.

If one takes things easily,

They may encounter difficulties.

Thus, the sages always pay attention to difficulties,

So, there will be no difficulty for them after all.

第六十四章

其安易持，其未兆易谋；

Qí ān yì chí, qí wèi zhào yì móu;

其脆易泮；其微易散。

Qí cuì yì pàn; qí wēi yì sàn.

为之于未有，治之于未乱。

Wéi zhī yú wèi yǒu, zhì zhī yú wèi luàn.

合抱之木，生于毫末；

Hé bào zhī mù, shēng yú háo mò;

九层之台，起于累土；

Jiǔ céng zhī tái, qǐ yú lěi tǔ;

千里之行，始于足下。

Qiān lǐ zhī xíng, shǐ yú zú xià.

为者败之，执者失之。

Wéi zhě bài zhī, zhí zhě shī zhī.

是以圣人无为故无败，无执故无失。

Shì yǐ shèng rén wú wéi gù wú bài, wú zhí gù wú shī.

民之从事，常于几成而败之。

Mín zhī cóng shì, cháng yú jǐ chéng ér bài zhī.

慎终如始，则无败事。

Shèn zhōng rú shǐ, zé wú bài shì.

是以圣人欲不欲，不贵难得之货；

Shì yǐ shèng rén yù bú yù, bú guì nán dé zhī huò;

学不学，复众人之所过，

Xué bù xué, fù zhòng rén zhī suǒ guò,

以辅万物之自然而不敢为。
Yǐ fǔ wàn wù zhī zì rán ér bù gǎn wéi.

Chapter 64

It is easy to maintain when the situation is stable.

It is easy to plan when there is no event.

It is easy to dissolve when things are fragile.

It is easy to dissipate when things are subtle.

Manage well before things happen.

Control well before disasters arise.

The encompassed giant tree grows from a tiny bud.

The nine-storey platform is built from a pile of soil.

The journey of a thousand miles starts with the feet.

Acting out of force will inevitably lead to failure,

Manipulating power out of self-interest

Will inevitably lose power.

So, the sages do not act out of force,

And they will not fail.

They do not manipulate power out of self-interest,

And they will not lose power.

People tend to fail when things are near completion,

So, be careful at the end as at the beginning.

The sages pursue what others do not,

And they disdain rare objects.

They learn lessons that others do not,

They remedy the mistakes made by others,

And they follow natural laws

Without action contrary to nature.

第六十五章

古之善为道者，非以明民，将以愚之。

Gǔ zhī shàn wéi dào zhě, fēi yǐ míng mín, jiāng yǐ yú zhī.

民之难治，以其智多。

Mín zhī nán zhì, yǐ qí zhì duō.

故以智治国，国之贼；

Gù yǐ zhì zhì guó, guó zhī zéi;

不以智治国，国之福。

Bù yǐ zhì zhì guó, guó zhī fú.

知此两者，亦稽式。

Zhī cǐ liǎng zhě, yì jī shì.

常知稽式，是谓玄德。

Cháng zhī jī shì, shì wèi xuán dé.

玄德深矣，远矣，

Xuán dé shēn yǐ, yuǎn yǐ,

与物反矣，然后乃至大顺。

Yǔ wù fǎn yǐ, rán hòu nǎi zhì dà shùn.

Chapter 65

The ancients who were good at the Dao,

Did not teach people to be smart or crafty,

But to be simple and honest.

Why are people difficult to govern?

Because they are clever and cunning.

Governing a country with smartness and trickery,

It will endanger the country.

Governing a country with simplicity and honesty,

It is good fortune for the country.

Knowing the difference between the two is a theorem.

Recognizing the theorem is called "mysterious virtue."

Mysterious virtue is profound and far-reaching,

It returns to the simplicity of concrete things,

And it conforms to the laws of nature.

第六十六章

江海之所以能为百谷王者，

Jiāng hǎi zhī suǒ yǐ néng wéi bǎi gǔ wáng zhě,

以其善下之，故能为百谷王。

Yǐ qí shàn xià zhī, gù néng wéi bǎi gǔ wáng.

是以圣人欲上民，必以言下之；

Shì yǐ shèng rén yù shàng mín, bì yǐ yán xià zhī;

欲先民，必以身后之。

Yù xiān mín, bì yǐ shēn hòu zhī.

是以圣人处上而民不重。

Shì yǐ shèng rén chǔ shàng ér mín bú zhòng.

处前而民不害。

Chǔ qián ér mín bú hài.

是以天下乐推而不厌。

Shì yǐ tiān xià lè tuī ér bú yàn.

以其不争，故天下莫能与之争。

Yǐ qí bù zhēng, gù tiān xià mò néng yǔ zhī zhēng.

Chapter 66

The seas can become the destination of

All streams and rivers,

Because they are in the downstream to gather all waters.

If the sages want to lead others,

They must use humble words,

And be role models to

Put their own interests behind others.

Above the people,

They must not make others feel oppressed.

Ahead of the people,

They must not make others feel harmed.

Thus, the people will be happy to

Support them and do not hate them.

As the sages do not compete with others,

No one can compete with them.

第六十七章

天下皆谓我道大，似不肖。

Tiān xià jiē wèi wǒ dào dà, sì bú xiào.

夫唯大，故似不肖。

Fū wéi dà, gù sì bú xiào.

若肖，久矣其细也夫！

Ruò xiào, jiǔ yǐ qí xì yě fū!

我有三宝，持而保之：

Wǒ yǒu sān bǎo, chí ér bǎo zhī:

一曰慈，二曰俭，三曰不敢为天下先。

Yī yuē cí, èr yuē jiǎn, sān yuē bù gǎn wéi tiān xià xiān.

慈故能勇，俭故能广，

Cí gù néng yǒng, jiǎn gù néng guǎng,

不敢为天下先，故能成器长。

Bù gǎn wéi tiān xià xiān, gù néng chéng qì zhǎng.

今舍慈且勇，舍俭且广，

Jīn shě cí qiě yǒng, shě jiǎn qiě guǎng,

舍后且先，死矣。

Shě hòu qiě xiān, sǐ yǐ.

夫慈，以战则胜，以守则固。

Fū cí, yǐ zhàn zé shèng, yǐ shǒu zé gù.

天将救之，以慈卫之。

Tiān jiāng jiù zhī, yǐ cí wèi zhī.

Chapter 67

People under heaven all say that the Dao is vast,

Unlike anything concrete.

Precisely because the Dao is vast,

It is unlike anything concrete.

If it were like a concrete object,

Then the Dao would have been very small.

I have three treasures to hold and preserve:

The first is loving-kindness, the second is frugality,

And the third is not daring to be the first in the world.

With loving-kindness, one can be brave,

With frugality, one can be generous,

And not daring to be the first in the world,

One can be the leader of all things.

If abandoning loving-kindness to pursue bravery,

Abandoning frugality to pursue generosity,

And abandoning concession to strive for being the first,

The result is going toward demise.

If loving-kindness is used to fight in a war,

One can win the victory.

If it is used to defend, one can gain solidarity.

Whoever heaven wants to save,

It protects them with loving-kindness.

第六十八章

善为士者,不武;
Shàn wéi shì zhě, bù wǔ;
善战者,不怒;
Shàn zhàn zhě, bú nù;
善胜敌者,不与;
Shàn shèng dí zhě, bù yǔ;
善用人者,为之下。
Shàn yòng rén zhě, wéi zhī xià.
是谓不争之德,
Shì wèi bù zhēng zhī dé,
是谓用人之力,
Shì wèi yòng rén zhī lì,
是谓配天古之极。
Shì wèi pèi tiān gǔ zhī jí.

Chapter 68

Those who are good at being a general

Do not act bravely.

Those who are good at fighting

Are not provoked easily.

Those who are good at defeating

Do not confront the enemy directly.

And those who are good at employing others

Have a humble attitude.

This is called "indisputable virtue,"

Also called "using others' abilities,"

Or "conforming to the natural law."

第六十九章

用兵有言：

Yòng bīng yǒu yán:

"吾不敢为主，而为客；

"Wú bù gǎn wéi zhǔ, ér wéi kè;

不敢进寸，而退尺。"

Bù gǎn jìn cùn, ér tuì chǐ."

是谓行无行，攘无臂，

Shì wèi xíng wú xíng, rǎng wú bì,

扔无敌，执无兵。

Rēng wú dí, zhí wú bīng.

祸莫大于轻敌，轻敌几丧吾宝。

Huò mò dà yú qīng dí, qīng dí jǐ sàng wú bǎo.

故抗兵相若，哀者胜矣。

Gù kàng bīng xiāng ruò, āi zhě shèng yǐ.

Chapter 69

The commander once said:
"I dare not go first on the offensive, but on the defensive.
I dare not advance an inch but take a foot back."
Although it seems to be a battle, there is no fight.
Although it seems to be fighting, there is no raised arm.
Although facing the enemy,
It seems to have nobody to combat.
Although holding a weapon,
It seems to have nothing to grasp.
There is no greater calamity
Than underestimating the enemy,
Which makes one almost lose their treasures.
When the two forces are nearly equal,
The one who grieves wins.

第七十章

吾言甚易知，甚易行。

Wú yán shèn yì zhī, shèn yì xíng.

天下莫能知，莫能行。

Tiān xià mò néng zhī, mò néng xíng.

言有宗，事有君。

Yán yǒu zōng, shì yǒu jūn.

夫唯无知，是以不我知。

Fū wéi wú zhī, shì yǐ bù wǒ zhī.

知我者希，则我者贵。

Zhī wǒ zhě xī, zé wǒ zhě guì.

是以圣人被褐而怀玉。

Shì yǐ shèng rén pī hé ér huái yù.

Chapter 70

My words are very easy to comprehend and implement,

But not many can understand

And practice them accordingly.

Speeches have purposes and actions have bases.

Because people do not understand this principle,

They do not understand me.

There are very few people who understand me,

And even fewer who can learn from me.

Thus, the sage who obtained the Dao

Always wears coarse cloth,

Armed with knowledge and talent.

第七十一章

知不知，尚矣；

Zhī bù zhī, shàng yǐ;

不知知，病也。

Bù zhī zhī, bìng yě.

圣人不病，以其病病。

Shèng rén bú bìng, yǐ qí bìng bìng.

夫唯病病，是以不病。

Fū wéi bìng bìng, shì yǐ bú bìng.

Chapter 71

Those who know what they do not know are wise.

Those who do not know but think they know are unwise.

The sages have no faults

Because they see faults as faults.

Precisely because they regard faults as faults,

They have no faults.

第七十二章

民不畏威，则大威至。

Mín bú wèi wēi, zé dà wēi zhì.

无狎其所居，无厌其所生。

Wú xiá qí suǒ jū, wú yàn qí suǒ shēng.

夫唯不厌，是以不厌。

Fū wéi bú yàn, shì yǐ bú yàn.

是以圣人自知不自见，自爱不自贵。

Shì yǐ shèng rén zì zhī bú zì jiàn, zì ài bú zì guì.

故去彼取此。

Gù qù bǐ qǔ cǐ.

Chapter 72

When people do not fear the ruler's power,
Terrible disasters may happen.
Do not forbid people from living in peace,
Do not prohibit people from making a living.
Only by not oppressing people,
Will they not hate the ruler.
Sages have self-knowledge without self-expression.
They have self-love without superiority.
So, abandon self-expression and superiority,
But maintain self-knowledge and self-love.

第七十三章

勇于敢则杀,勇于不敢则活。
Yǒng yú gǎn zé shā, yǒng yú bù gǎn zé huó.

此两者,或利或害。
Cǐ liǎng zhě, huò lì huò hài.

天之所恶,孰知其故?
Tiān zhī suǒ wù, shú zhī qí gù?

是以圣人犹难之。
Shì yǐ shèng rén yóu nán zhī.

天之道,
Tiān zhī dào,

不争而善胜,
Bù zhēng ér shàn shèng,

不言而善应,
Bù yán ér shàn yìng,

不召而自来,
Bú zhào ér zì lái,

繟然而善谋。
Chǎn rán ér shàn móu.

天网恢恢,疏而不失。
Tiān wǎng huī huī, shū ér bù shī.

Chapter 73

Being hard and brave may lead to death,

Being gentle and brave will lead to life.

These two kinds of bravery have different results,

Some generate benefit while others arouse suffering.

Who knows why heaven hates certain things?

It is therefore difficult for the sages to explain.

The way of heaven favors:

Winning without fighting,

Answering without words,

Coming without summoning,

And being calm with good planning.

Nature's network is vast and sparse,

Yet, it has never missed anything.

第七十四章

民不畏死，奈何以死惧之？

Mín bú wèi sǐ, nài hé yǐ sǐ jù zhī?

若使民常畏死，而为奇者，

Ruò shǐ mín cháng wèi sǐ, ér wéi qí zhě,

吾得执而杀之，孰敢？

Wú dé zhí ér shā zhī, shú gǎn?

常有司杀者杀。

Cháng yǒu sī shā zhě shā.

夫代司杀者杀，

Fū dài sī shā zhě shā,

是谓代大匠斫。

Shì wèi dài dà jiàng zhuó.

夫代大匠斫者，

Fū dài dà jiàng zhuó zhě,

希有不伤其手者矣。

Xī yǒu bù shāng qí shǒu zhě yǐ.

Chapter 74

People do not fear death,

So why use death to frighten them?

If people really fear death,

Those who perpetrate outrage will be arrested and killed,

Who dares to do evil?

There are those who specialize in killing people,

They carry out the task of killing others.

Those who specialize in murder are like

Chopping wood in place of a skilled carpenter.

Few who chop wood in place of a skilled carpenter

Will not chop off their own fingers.

第七十五章

民之饥,以其上食税之多,是以饥。

Mín zhī jī, yǐ qí shàng shí shuì zhī duō, shì yǐ jī.

民之难治,以其上之有为,是以难治。

Mín zhī nán zhì, yǐ qí shàng zhī yǒu wéi, shì yǐ nán zhì.

民之轻死,以其上求生之厚,是以轻死。

Mín zhī qīng sǐ, yǐ qí shàng qiú shēng zhī hòu, shì yǐ qīng sǐ.

夫唯无以生为者,是贤于贵生。

Fū wéi wú yǐ shēng wéi zhě, shì xián yú guì shēng.

Chapter 75

People suffered from starvation
Because the rulers levied heavy taxes.
People were difficult to govern
Because the rulers had harsh decrees.
People did not fear death
Because the rulers lived extravagant lives.
Those who lived a simple life were wiser
Than those who lived a luxury life.

第七十六章

人之生也柔弱,

Rén zhī shēng yě róu ruò,

其死也坚强。

Qí sǐ yě jiān qiáng.

草木之生也柔脆,

Cǎo mù zhī shēng yě róu cuì,

其死也枯槁。

Qí sǐ yě kū gǎo.

故坚强者死之徒,

Gù jiān qiáng zhě sǐ zhī tú,

柔弱者生之徒。

Róu ruò zhě shēng zhī tú.

是以兵强则灭,

Shì yǐ bīng qiáng zé miè,

木强则折。

Mù qiáng zé zhé.

坚强处下,

Jiān qiáng chù xià,

柔弱处上。

Róu ruò chù shàng.

Chapter 76

When people are alive, their bodies are soft,

When people die, their bodies become hard.

When plants grow, the branches are soft and flexible,

When plants die, the branches become rigid and dry.

Strong and hard things belong to death,

Weak and gentle things belong to life.

Therefore, if the army is strong, it will be defeated.

If the tree is big, it will be cut down and destroyed.

Whatever is strong, it is always in decline.

Whatever is weak, it is often rising instead.

第七十七章

天之道，其犹张弓欤？

Tiān zhī dào, qí yóu zhāng gōng yú?

高者抑之，下者举之，

Gāo zhě yì zhī, xià zhě jǔ zhī,

有馀者损之，不足者补之。

Yǒu yú zhě sǔn zhī, bù zú zhě bǔ zhī.

天之道，损有馀而补不足。

Tiān zhī dào, sǔn yǒu yú ér bǔ bù zú.

人之道，则不然，损不足以奉有馀。

Rén zhī dào, zé bù rán, sǔn bù zú yǐ fèng yǒu yú.

孰能有馀以奉天下？唯有道者。

Shú néng yǒu yú yǐ fèng tiān xià? Wéi yǒu dào zhě.

是以圣人为而不恃，

Shì yǐ shèng rén wéi ér bú shì,

功成而不处，其不欲见贤。

Gōng chéng ér bù chǔ, qí bú yù jiàn xián.

Chapter 77

Is natural law like archery with a bow?

It will be lowered when the string is pulled too high,

It will be raised when the string is pulled too low.

It will be relaxed when the string is too full,

It will be replenished when the string is inadequate.

The natural law is to reduce the surplus

And supplement the insufficient.

But the social law is different,

It is to deprive those who have shortage

And supply those who have surplus.

Then, who uses the surplus to provide for

Those who have shortage?

Only those who have obtained the Dao.

So, the sages accomplish things

Without showing their capabilities,

And achieve things without taking credit,

Because they do not want to reveal their intelligence.

第七十八章

天下莫柔弱于水，

Tiān xià mò róu ruò yú shuǐ,

而攻坚强者莫之能胜，

Ér gōng jiān qiáng zhě mò zhī néng shèng,

以其无以易之。

Yǐ qí wú yǐ yì zhī.

弱之胜强，柔之胜刚，

Ruò zhī shèng qiáng, róu zhī shèng gāng,

天下莫不知，莫能行。

Tiān xià mò bù zhī, mò néng xíng.

是以圣人云：

Shì yǐ shèng rén yún:

"受国之垢，是谓社稷主；

"Shòu guó zhī gòu, shì wèi shè jì zhǔ;

受国不祥，是为天下王。"

Shòu guó bù xiáng, shì wéi tiān xià wáng."

正言若反。

Zhèng yán ruò fǎn.

Chapter 78

Nothing in the world is softer than water,

Yet to defeat the hard and solid,

Nothing can surpass water,

And nothing else can replace it.

The gentle can overcome the strong,

The soft can overcome the rigid.

No one in the world does not understand this,

But no one practices it.

Therefore, the sage said:

"Only those who can bear the humiliation of the country,

Are worthy of being called emperor.

And only those who can bear the disasters of the country,

Are worthy of being king of the country."

True words sound paradoxical.

第七十九章

和大怨，必有馀怨。

Hé dà yuàn, bì yǒu yú yuàn.

报怨以德，安可以为善？

Bào yuàn yǐ dé, ān kě yǐ wéi shàn?

是以圣人执左契，而不责于人。

Shì yǐ shèng rén zhí zuǒ qì, ér bù zé yú rén.

有德司契，无德司彻。

Yǒu dé sī qì, wú dé sī chè.

天道无亲，常与善人。

Tiān dào wú qīn, cháng yǔ shàn rén.

Chapter 79

Reconciling deep resentment,

There must be residual resentment.

Using virtue to repay resentment,

How can it be regarded as properly handling it?

Therefore, the sages keep the stub of debt,

Without forcing others to pay back.

The virtuous are as tolerant as the sages holding a debt,

The unvirtuous are as harsh as the ones collecting taxes.

Natural law does not favor anyone,

But it always helps those with virtue.

第八十章

小国寡民，

Xiǎo guó guǎ mín,

使有什伯之器而不用；

Shǐ yǒu shé bó zhī qì ér bú yòng;

使民重死而不远徙。

Shǐ mín zhòng sǐ ér bù yuǎn xǐ.

虽有舟舆，无所乘之；

Suī yǒu zhōu yú, wú suǒ chéng zhī;

虽有甲兵，无所陈之；

Suī yǒu jiǎ bīng, wú suǒ chén zhī;

使民复结绳而用之。

Shǐ mín fù jié shéng ér yòng zhī.

至治之极，

Zhì zhì zhī jí,

甘其食，美其服，

Gān qí shí, měi qí fú,

安其居，乐其俗。

Ān qí jū, lè qí sú.

邻国相望，鸡犬之声相闻，

Lín guó xiāng wàng, jī quǎn zhī shēng xiāng wén,

民至老死，不相往来。

Mín zhì lǎo sǐ, bù xiāng wǎng lái.

Chapter 80

Make the country smaller and the population sparse,

Even if there are various devices,

People do not have to use them.

Make people fear death,

So that they do not migrate far away.

Although there are ships and carriages,

People do not have to take them.

Although there are weapons,

People have no place to set up a battle.

Make people return to classic ways of recording

by tying knots in rope.

The country will then be well governed,

People will have good food and nice clothes,

Comfortable homes and joyful customs.

People in neighboring countries

Can see each other across the border,

And hear each other's chickens crowing

And dogs barking,

But they do not have to visit each other

Throughout their lives.

第八十一章

信言不美，美言不信。

Xìn yán bù měi, měi yán bú xìn.

善者不辩，辩者不善。

Shàn zhě bú biàn, biàn zhě bú shàn.

知者不博，博者不知。

Zhī zhě bù bó, bó zhě bù zhī.

圣人不积，

Shèng rén bù jī,

既以为人己愈有，

Jì yǐ wéi rén jǐ yù yǒu,

既以与人己愈多。

Jì yǐ yǔ rén jǐ yù duō.

天之道，利而不害。

Tiān zhī dào, lì ér bú hài.

圣人之道，为而不争。

Shèng rén zhī dào, wéi ér bù zhēng.

Chapter 81

Sincere words are not flamboyant,
Flamboyant words are not sincere.
Kind people are not sophistic,
Sophisticated people are not kind.
Deep thinkers are not broad,
Broad thinkers are not deep.
The sages are not possessive,
They help others with all they have,
And are fulfilled by doing that.
The more they give to others,
The wealthier they become.
The way of heaven is to benefit all things,
Without harming them.
The way of sages is to do good to others,
Without competing with them.

www.ingramcontent.com/pod-product-compliance
Lightning Source LLC
Chambersburg PA
CBHW081357070526
44583CB00020B/2584